KB071832

부자탄생

한 그루의 나무가 모여 푸른 숲을 이루듯이
청림의 책들은 삶을 풍요롭게 합니다.

가장 빨리 돈을 불리는 재테크비법

부자탄생

박종기(머니앤리치스 대표) 지음

ć
청림출판

부자로 거듭나고 싶어요

_ 독자들이 보낸 편지

● 통장을 6개나 만들었답니다

저는 8개월 된 딸을 둔 3인 가족의 가장입니다. 전세로 30평형대 아파트에 살고 있고, 중형 자동차도 한 대 굴리고, 겉으로 보기에 제 삶은 별 문제가 없어 보입니다. 그런데 모이는 돈이 전혀 없습니다.

《부자 통장》이 얼마나 재미있던지 손에서 놓질 못해서 이번 광복절 연휴 동안에 다 읽어버렸습니다. 이 책을 읽고 나서 아내에게 건넸어요. 속독에 능한 아내는 단 몇 시간 만에 책을 독파했고, 지금은 저보다도 더 열렬한 대표님의 팬이 되었답니다.

저는 지금 한창 의욕이 불타오르고 있습니다. 바로 은행에 달려가 무려 6개의 통장을 만들었고 각 통장마다 용도별로 계획을 세워서 실천하고 있습니다. 신이 납니다. 제 주위 사람들에게 《부자 통장》 이야기를 꾸준히 하면서 전도사 역할을 하고 있답니다.

자산관리 책 중에서 《부자 통장》만한 책은 없는 것 같습니다. 진심입니다. 평범한 사람이 가장 쉽고 빠르게 자산설계를 할 수 있는 최고의 재테크 책입니다.

- 용산에서 열혈독자 남성훈

● 오랜만에 남편과 희망의 대화를 나누다

안녕하세요? 용인에 사는 마흔세 살의 주부입니다. 남편과 함께 《부자 통장》을 읽었습니다. 이 책을 읽고 그동안 남편의 외벌이로 4인 가족이 생활하면서 막연하게 느꼈던 '문제점'에 관해 부부가 동의하게 되었습니다. 지금까지 우리 부부는 뭔가 대책이 필요하다고 생각하면서도 서로 조심스러워하며 미처 말을 꺼내지 못했습니다. "당신이 조금밖에 못 벌어오니까 어렵잖아." "당신이 살림을 못하니까 이 모양이지." 이런 원망의 소리로 들릴까 봐 서로 조심스러웠던 것 같아요. 그런데 《부자 통장》을 같이 읽으면서 원망이 아닌 희망의 마음으로 대화를 시작하게 되었습니다. 이 책을 읽게 된 건 저에게 큰 행운이었습니다!

- 용인에서 김현주

● 가뭄의 단비 같았던 책

며칠 전 《부자 통장》을 사서 단숨에 읽었습니다. 정말 저한테 너무나 절실하고 필요한 책이었습니다. 우리 부부는 맞벌이를 하면서도 아직까지 작은 빌라에서 저축 한 푼 없이 그달그달 겨우 살아가고 있습니다. 저는 부부의 노후가 걱정되고 아이의 대학등록금이 걱정됩니다. 뭔가 대책이 필요해서 안 가던 서점을 찾으면서 고르고 고른 책 《부자 통장》이 저의 심금을 울렸고 그동안 헛살았다는 자책감까지 들게 하였습니다.

아이가 중학교 2학년인데 아직 안 늦었겠죠? 지금부터 하루라도 빨리 재무설계를 다시 하고 싶습니다.

- 서울시 공무원 정옥영

프롤로그

지금 돈 걱정을 하고
계시나요?

지금 우리를 가장 힘들게 하는 것은 무엇일까?

아마 돈에 관한 문제가 아닐까 싶다.

그동안 머니세미나에서 만났던 수강생들과 《부자 통장》 독자로부터 받은 메일들을 정리해 보면 돈에 관한 고민은 대체로 세 가지로 모아진다.

첫 번째는 "집은 있습니다. 그런데 대출만 늘어갑니다. 어떻게 해야 할까요?"라는 빚에 갇힌 사람들의 고민이다. 아마 대출을 얻어 집을 산 사람이라면 충분히 공감할 것이다.

얼마 전부터 '하우스 푸어House poor'라는 신조어가 생겨났다. 하우스 푸어란 집은 있지만 오히려 그 집 때문에 가난하게 사는 사람들을 가리키는 용어이다. 하우스 푸어들은 대부분 집값이 계속 오르던 시절에 무리하게 대출을 받아 집을 산 사람들이다. 2008년을 기점으로 집값은 계속 떨어지고, 금리는 올라 부담만 늘어나고 있다. 그렇다고 집을 손해 보면서 팔 수도 없는 노릇이니, 하루하루 대출이자 갚느라 허리가 휠 지경이다.

이들은 하나같이 이렇게 말한다.

"지금 이 집을 팔아 대출을 갚는다 해도 남는 돈으로는 갈 곳이 없습니다. 집만 날리는 셈이지요. 그래서 힘들더라도 내 집에 살면서 버티는 중입니다."

이러한 하우스 푸어가 전국적으로 500만 명을 넘어섰다고 한다. 직장인 10명 중 3명이 하우스 푸어인 셈이다.

두 번째는 자녀교육비에 대한 고민이다. "안 그래도 자녀 교육비 때문에 힘든데 대학등록금까지 마련해야 하니 도무지 어떻게 해야 할지 모르겠다"며 부모들은 한탄한다. 자녀를 고등학교에 보낼 때까지는 그마나 수입이 있어 어떻게든 교육을 시켰는데 대학 입학 시점에 다다르면 대부분 은퇴해야 하는 상황이니 이때부터 문제가 생기기 시작하는 것이다.

그래서 대학 입학과 동시에 학자금 대출을 받은 많은 청년들이 사회에 한 발 내딛기도 전에 신용유의자가 되는 사태가 벌어지고 있다. 젊은 청년들은 '아직 취직도 못했는데 학자금 대출 때문에 아무것도 할 수 없습니다'라며 현실을 개탄한다.

이들의 처지를 말해 주듯 경제적인 이유 때문에 연애와 결혼, 출산을 포기한 청년층을 뜻하는 '삼포세대'와, 청년 대부분이 졸업 후 실업자나 신용유의자가 된다는 '청년실신'이란 신조어가 새롭게 등장했다. 젊은이들의 어려움이 어느 정도일지 가히 짐작된다. 의욕이 한창 넘치는 나이에 일도 못해보고 능력을 사장시키는 것은 개인적으로나 사회적으로나 큰 손실이 아닐 수 없다.

마지막 세 번째는, "은퇴가 얼마 안 남았는데 준비해 둔 노후자금이 전혀 없어 어떻게 살아야 할지 막막합니다"라는 기성세대의 노후 걱정이다.

누가 뭐래도 기성세대는 우리나라의 발전을 일구어낸 일등공신이다. 하지만 일과 자식교육에만 전념한 나머지 정작 본인들의 노후는 신경 쓰지 못했고, 이제 자신을 돌아보고 싶은데 어느새 은퇴하라고 압력을 받는 상황이 된 것이다.

10년 전까지만 해도 30-30-20의 시대를 살았다. 즉, 30년은 부모 밑에서 자라고, 30년 동안 일을 하며, 나머지 20년은 노후생활을 하다 생을 마감했다.

하지만 평균수명 100세 시대가 된 지금은 30-30-40의 시대가 되었다. 불과 10년 만에 돈을 버는 기간은 그대로인데 노후생활을 해야 하는 기간만 두 배로 늘어난 것이다. 이런 추세라면 은퇴 후 60년을 살아야 하는 시대가 오리라는 예상도 해볼 수 있다. 준비 없이 수명만 길어진 셈이다.

인생의 행복을 가로막는 돈 걱정을 떨쳐버리자

정리하면 30~40대는 내 집 마련에 대한 대책과 자녀교육비가 걱정이고, 은퇴를 앞둔 50~60대는 제2막 인생에 필요한 노후자금이 걱정이다. 이러한 돈 걱정이 우리의 행복한 인생을 가로막는 가장 큰 걸림돌이 되고 있다.

자, 그렇다면 여러분은 "고민을 해결하기 위해서 지금 무엇을 실천하고 있는가?"

아무리 경제가 어렵다 해도 자산을 늘려가며 승승장구하는 사람은 항상 존재해왔고, 과도한 대출로 인해 나락까지 떨어졌다가도 다시 일어서 잘사는 사람도 얼마든지 있다. 또 나이가 들었어도 앞날을 걱정하기보다는 젊었을 때보다 더 멋있게 인생을 즐기며 가꾸어가는 사람도 많다.

돈 문제에 관한 해결법은 간단하다. 당연한 얘기겠지만 대출은 벌어서 갚으면 되고, 자녀교육비나 노후자금은 지금부터라도 준비하면 된다. 그런데도 우리는 이런 뻔한 사실을 과연 행동으로 옮기고 있는가?

주택담보대출을 받은 사람 중 원리금은 그대로 두면서 이자만 갚는 사람들이 전체의 80%가 넘는다고 한다. 또 노후준비를 제대로 하는 사람은 20%가 채 되지 않는다. 어떻게든 대출을 해결하려 하지 않고 대책 없이 마냥 버티고만 있는 것이다.

이제 시대가 변했다. 과거처럼 집값이 오르기만 하는 시절은 지나갔고, 자녀 한 명 키우는 데 무려 2억 원 이상이 필요한 시대이다. 노후도 자식에게 의존해서 해결되는 세상이 아니라 준비 없이는 아예 살기 힘든 세상이 되었다.

우리 모두 그저 막연하게 잘될 거라는 생각은 버려야 한다. 지금까지 해왔던 생각을 바꾸지 않으면 안 된다. 현실에 맞게 계획을 세우고 지금 당장 실천하는 것만이 유일한 해결책이다.

지금부터 읽게 될 《부자 탄생》은 앞으로 어떻게 경제계획을 세워서 실천해야 할지에 대한 지침서가 되어줄 것이다. 이 책은 앞서 출간된 《부자 통장》의 주인공 공현우를 그대로 살려서 친숙하게 읽을 수 있도록 구성했다.

이번 책에서 공현우 대리는 과장으로 승진하게 된다. 주인공 공 과장은 30대의 전형적인 하우스 푸어이다. 돈을 모아 내 집 마련에 성공하고 나름대로 부자의 꿈을 안고 살지만, 무리한 집 장만으로 인해 생각지도 못했던 힘든 인생이 시작된다. 그리고 자녀교육비와 노후자금 문제를 접하면서 앞날에 대한 심각한 고민에 빠지게 된다. 결국 해결책을 찾기 위해 박원국 소장을 만나고 세 번의 수업을 통해 현실적인 해답을 얻게 된다.

지금까지 우리를 괴롭혔던 돈 걱정을 떨쳐버리고 싶다면 이것저것 복잡하게 생각할 것 없이 박 소장의 조언을 그대로 따라해보자. 그 길이 멀어 보여도 가다 보면 가장 빠른 길임을 알게 될 것이다.

책을 쓸 수 있도록 용기와 격려를 아끼지 않았던 많은 《부자 통장》 독자들께 깊이 감사드린다. 더불어 머니세미나에 참석해서 조금은 힘들어도 꿋꿋하게 실천하며 부자의 꿈을 실현하는 용기 있는 수강생 여러분과 강연장에서 만나 좋은 인연이 되어주신 모든 분께 고마움을 전한다.

끝으로 부족한 부분이 많은데도 항상 믿음을 주시는 청림출판의 고영수 대표님과 편집부, 그리고 사랑하는 가족에게 이 책을 바친다. 이 책을 읽는 모든 분들이 행복하고 풍요로운 부자가 되기를 진심으로 기원한다.

박 종 기

CONTENTS

1장 모두 돈 때문에 생기는 일

2장 집은 있지만 빚만 늘어간다면

: 내 집 마련 세미나

장 우리 아이, 돈 걱정 없이
잘 키우고 싶다

: 자녀교육비 세미나

4장 내 인생 후반전을
더 행복하게

: 노후준비 세미나

공 대리는 종잣돈을 모으기로 결심한 지 5년 만에 목표
로 했던 1억을 모으고 과장으로 승진도 하게 된다. 그는
과감하게 대출받아 내 집을 마련하지만 곧 과도한 이자
로 인해 가계부에는 먹구름이 끼게 된다.
도대체 어디서부터 잘못된 것일까?

● ● ● ● ● ● ● ● ●

1장

모두 돈 때문에
생기는 일

힘들게 모은 돈,
없애는 건
순식간

공 대리가 돈을 모으기 시작한 지 2년이 지났다.

결혼 이후 습관적으로 썼던 낭비지출 때문에 매달 20만 원의 저축도 버거웠지만 박원국 소장을 만나 머니세미나에 참석한 이후로는 수입의 절반가량을 저축할 수 있게 되었다.

오늘은 생애 처음으로 적금을 타는 날이다. 3천만 원이 적힌 통장을 건네받기 위해 공 대리와 아내 은미는 들뜬 마음으로 은행에 들어섰다.

'이 돈을 받으면 뭐부터 하지?'

이 생각이 며칠 전부터 머릿속에서 떠나지 않았다.

공 대리는 은행 직원이 축하한다며 또렷하게 '30,000,000원'이라고 찍힌 통장을 건네주자 갑자기 부자가 된 기분이 들었다. 생전 처음 만져보는 목돈이었다. 절제가 안 될 만큼 입이 크게 벌어졌다. 아내는 통장을 꼭 쥐고 어쩔 줄 몰라 했다. 공 대리 부부는 적금 통장을 번갈아보면서 춤을 추듯 은행문을 나섰다.

모은 종잣돈으로 원 없이 쇼핑하다

아내 은미가 공 대리를 바라보며 아양을 떨 듯 말했다.

"자기, 나 맛있는 것 좀 사주라. 그동안 먹고 싶은 거 정말 많았는데, 꾹 참은 거 알지?"

공 대리는 아내의 손을 잡고 주저 없이 집 근처의 패밀리 레스토랑으로 발길을 옮겼다. 출퇴근을 하면서 늘 가고 싶었던 곳이었다. 주말이면 손님이 붐벼서 2시간씩 기다려야 하는, 동네에서 유명한 레스토랑이었다.

설레는 마음으로 현관에 들어서자 말끔하게 차려입은 종업원이 정중하게 인사를 하며 안으로 안내했다.

창가 쪽의 테이블에 앉자 종업원은 메뉴판을 펼치며 새로운 메뉴에 대해서 설명하기 시작했다. 얼핏 보니 가장 비싼 요리일 것 같았다.

"그걸로 주세요."

공 대리가 자신 있게 주문하자 아내는 박수를 치며 좋아했다.

"자기 양복도 한 벌 사자. 결혼할 때 산 양복 아직도 입고 다니잖아. 나도 변변한 옷 하나 없고……."

공 대리는 아내의 말에 고개를 끄덕이며 미소를 지었다.

잠시 후 종업원은 커다란 접시에 지글지글 소리를 내는 스테이크와 바닷가재 요리를 가져왔다.

공 대리는 스테이크를 도톰하게 썰어서 아내 은미의 입에 쏙 넣어주었다. 얼마 만에 누리는 행복인가. 마치 연애하던 시절로 되돌아간 것 같았다. 무엇을 해도 행복했던 그 시절이 다시 눈앞에 펼쳐진 기분이었다.

식사를 마친 공 대리 부부는 곧장 택시를 타고 백화점으로 향했다. 가끔씩 백화점에 오기는 했지만 지금처럼 당당한 적은 없었다. 항상 눈으로만 둘러보다가 가격을 보고는 이내 발길을 돌리고 말았던 곳……, 오늘은 상황이 달랐다. 느긋한 발걸음으로 매장을 둘러보며 마음에 드는 옷이 있으면 망설임 없이 입어보았다. 잘 어울린다는 매장 직원의 말이 오늘따라 어찌나 귀에 쏙쏙 들어오는지.

남성복과 여성복 매장을 둘러볼 때마다 손에는 쇼핑백이 하나둘 금세 늘어났다. 이왕 온 김에 생활용품 매장까지 들르자 화려한 상품들이 눈길을 사로잡았다.

'주머니에 3천만 원이 있는데, 이 정도쯤이야.'

공 대리 부부의 입가에 미소가 떠나지 않았다.

집에 도착한 공 대리 부부는 양손에 가득 든 쇼핑백을 내려놓았다. 아내는 큰 결심을 하고 산 제법 비싼 원피스를 가장 먼저 꺼내 입어보았다.

공 대리는 그동안 갖고 싶었던 커피머신에서 원두커피를 내렸다. 윙하는 소리와 함께 진한 커피액이 흘러나오는 걸 신기한 듯 지켜보았다. 좁은 거실에 커피향이 가득 퍼졌다.

공 대리가 커피를 한 모금 마신 후 얘기를 꺼냈다.

"은미야, 우리 차 한 대 살까? 이제 아이도 낳아야 하는데 필요하지 않겠어? 얼마 전에 우리 부서 후배가 새 차를 뽑았는데 꽤 괜찮더라고. 가격도 그리 안 비싸고……."

아내는 공 대리의 말을 듣는 둥 마는 둥 했다. 그저 거울 앞에 서서 새로 산 원피스를 입은 채 "이것 말고 흰색을 살 걸 그랬나 봐."라는 말만 되풀이할 뿐이었다.

거실 소파 위에는 오늘 구입한 물건들로 앉을 틈이 없었다.

공 대리는 커피머신에서 여러 종류의 커피를 계속해서 뽑아댔다. 그윽한 커피향이 집안을 향기롭게 채웠다.

얼마 만에 느껴보는 달콤한 돈의 맛인가. 그동안 허리띠를 졸라매며 빠듯한 생활을 한 보람이 느껴졌다. 시계는 밤 12시를 넘어 새벽 1시를 가리켰지만 부부는 피곤한 줄도 몰랐다.

아내는 몇 번을 망설이다 끝내 사지 못한 진한 갈색 블라우스가 못내 아쉬운 모양이었다. 본인에게 맞는 사이즈가 한 개밖에 없었다면서 '혹시 누가 샀으면 어쩌지?' 걱정스런 얼굴이다. 내일 퇴근 길에 들러 사야겠다며 침실로 들어섰다.

조금 기분만 냈을 뿐인데 카드 값만 500만 원?

한 달 후.

"뭐야, 이거 잘못된 거 아냐?"

공 대리가 발끈하며 소리를 질렀다. 옆에서 보고 있던 아내도 도저히 믿을 수 없다는 표정이다. 두 사람은 신용카드 명세서를 뚫어지게 들여다보았다.

공 대리는 방에서 계산기를 들고 나왔다. 명세서의 날짜를 확인해가며 분명 잘못된 게 있을 거라며 씩씩대면서 숫자를 눌러댔다.

"인터넷 쇼핑을 이렇게 많이 한 거야? 우리가 정말 이걸 다 산 거야?"

공 대리가 점점 역정을 냈다. 아내 은미는 옆에서 듣고 있다가 한숨을 쉬었다. 두 사람은 30분이 넘도록 명세서를 꼼꼼히 살펴봤지만 분명 자기들이 모두 쓴 금액이었다.

이번 달에 결제할 금액 총 553만 원. 한 달도 안 되는 기간 동안 평소의 3배가 넘는 돈을 썼다. 이대로라면 어렵게 2년 동안 모은 돈을 단 몇 개월 만에 없앨 수도 있었다. 한숨을 쉬며 주위를 둘러

봤지만 주방과 거실에 못 보던 물건이 몇 개 있는 것 외에는 변한 게 별로 없어 보였다. 적금을 타면서 목돈이 손에 들어오자 그동안 꾹꾹 눌러놓았던 욕망이 터져나온 것이다.

공 대리는 한동안 말없이 그저 신용카드 명세서만 원망스러운 듯 바라보았다. 잠시 고개를 돌려 지난달에 구입한 커피머신을 보고 있으니 한숨이 나왔다. 문득 2년 전 참석했던 머니세미나에서 마지막 날 박원국 소장이 강조했던 말이 떠올랐다.

"돈이란 게 모으긴 어렵지만 한번 쓰기 시작하면 밑 빠진 독에서

물 빠지듯이 금세 사라집니다. 내가 원하는 종잣돈을 모으기 전까지는 냉정하리만큼 철저하게 지출관리를 해야 합니다. 그렇지 않으면 어렵게 돈 좀 모았다 써버리는 행동만 반복하게 되어 생활이 나아지는 게 없습니다. 후회만 남게 되지요."

입을 꾹 다물고 있던 공 대리가 단호하게 얘기를 꺼냈다.

"안 되겠다. 내일 당장 남은 돈을 다시 은행에 넣어야겠다."

공 대리의 말에 아내도 말없이 고개를 끄덕였다.

다음날 공 대리는 카드값을 미리 결제하고, 남은 돈을 정기예금에 넣었다. 그리고 지난달까지 넣었던 정기적금 상품에 다시 가입했다. 액수도 120만 원에서 150만 원으로 올렸다. 적금 만기까지 중도에 해약하지 않고 성공해보니 저축액을 좀 더 늘려도 충분히 잘할 수 있겠다는 자신감이 생겼기 때문이다.

공 대리가 은행을 나오면서 아내에게 장문의 문자를 보냈다.

은미야, 지난 한 달 동안 참 행복했다. 그치? 그동안 돈 모으느라 고생한 보람도 느낄 수 있었고, 무엇보다 네가 행복해해서 정말 기뻤어. 맛있는 음식이랑 예쁜 옷도 더 많이 사주고 싶은데 미안하지만 우리 조금만 더 참자. 나중엔 내가 더 잘할게. 오늘 가입한 적금 통장이 내 약속을 지켜줄 거야. 오늘 일찍 들어갈게^^*

띵동. 아내로부터 금세 답장이 왔다.

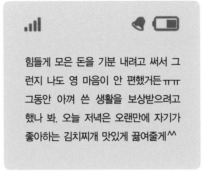

힘들게 모은 돈을 기분 내려고 써서 그
런지 나도 영 마음이 안 편했거든ㅠㅠ
그동안 아껴 쓴 생활을 보상받으려고
했나 봐. 오늘 저녁은 오랜만에 자기가
좋아하는 김치찌개 맛있게 끓여줄게^^

공 대리는 저녁에 부서 회식이 있었지만 일찍 마무리하고 곧장
집으로 향했다. 집으로 향하는 발걸음이 예전처럼 가볍게 느껴졌
다. 원래대로 돌아오게 돼 다행이란 생각과 함께 박 소장이 갑자기
보고 싶어졌다.

억! 소리
나는
자녀교육비

  시간은 화살처럼 빠르게 흘러갔다. 3년 후 퇴근길, 공 대리의 발걸음이 바빠졌다. 입가에는 환한 미소를 지은 채 왼손에는 아내가 좋아하는 초밥도시락이 들려 있었다. 그는 뭐가 그리 급한지 초인종도 누르지 않고 열쇠를 꺼내 현관문을 열었다. 문이 열리자 우렁찬 목소리가 집 안에 쩌렁쩌렁 울려퍼졌다.

  "어디 보자, 우리 공주님!"

  공 대리는 태어난 지 3개월 된 연주를 힘껏 안아 올렸다.

  아내를 닮아서인지 쌍꺼풀이 짙게 파인 동그란 눈이 예쁜 딸이었다. 옆에서 지켜보던 아내는 연주를 돌보느라 온종일 아무것도 못 먹었다며 투정을 부렸다. 그 말에 공 대리는 따뜻한 장국과 함께 초밥도시락을 식탁에 차려주었다.

아내는 허겁지겁 초밥을 두 개씩 집어먹었다. 출산휴가 중인 아내는 조만간 회사에 복귀해야 한다는 생각만으로도 스트레스가 날로 쌓여갔다.

"못 보던 인형하고 보행기네?"

공 대리가 거실에 놓인 아기 용품들을 가리키며 말했다.

"응, 오전에 언니가 다녀갔거든. 그동안 조카들이 썼던 물건들인데, 내가 예전부터 확실하게 세뇌를 시킨 보람이 있더라고. 남 주지 말고 꼭 나 달라고 볼 때마다 당부했었거든. 우선 연주가 필요한 것부터 가져온 거야. 다음에는 유모차도 가져올 거야."

공 대리가 미소를 지으며 아내에게 엄지손가락을 치켜세웠다.

아내는 초밥을 다 먹고서는 커피머신을 작동시켰다. 집 안에 커피향이 그윽하게 퍼졌다.

"언니 얘기를 들어보니까 애들 교육 때문에 걱정이 많은가 봐."

아내가 커피를 한 모금 마시며 서두를 꺼냈다.

"큰애가 4학년이고 둘째는 2학년인데도 벌써부터 애들한테 들어가는 돈이 장난 아니래. 어디 가서 일을 해야 할지 고민하고 있더라고."

"동서가 돈 잘 벌지 않아?"

"형부 연봉이 높긴 해도 아파트 사면서 받은 대출금 이자에, 작년에 바꾼 자동차할부금까지 내다 보면 애들 학비 대기도 힘들대."

아내가 걱정스런 말투로 말하며 한숨을 쉬었다.

"초등학생인데도 그렇게 돈이 많이 들까?"

공 대리는 별것 아닌 것처럼 말했다.

"당신이 몰라서 하는 소리야. 영어 학원비만 해도 두 명이니까 50만 원이 넘잖아. 여기에 태권도랑 보습학원까지 합치면 100만 원이 훌쩍 넘게 되지. 지난주에 큰애가 해양소년단에 들어가고 싶다고 조르는데, 추가로 들어갈 돈을 생각해보니 안 될 것 같아 딱 잘랐대. 하지만 애한테 상처를 준 것 같아서 마음에 걸린다고 속상해하더라고."

공 대리가 커피머신의 포트를 들어서 비워진 아내의 찻잔에 커피를 따랐다.

아내는 계속 말을 이었다.

"학원을 줄이려 해도 쉽지 않은가 봐. 다른 엄마들은 미술에 피아노, 논술학원까지 보낸다는데, 언니는 그렇게까지는 못하고 최소로 줄인 게 그렇다는 거야. 영어는 당연히 보내야 하고, 보습학원에 안 보내고 직접 가르치려고도 해봤지만 요즘 초등학교 교과서가 우리 초등학교 수준이 아니래. 몇 번 해보다가 도저히 안 돼 다시 보냈다고 하더라고. 그리고 애들 기죽을 것 같아서 태권도 학원에는 어쩔 수 없이 보내는 거고. 거기에 수시로 들어가는 체험학습비까지 내다 보면 정말 끝도 없이 나간다는 거야. 뭣 하나 줄일게 없다고 하소연하는데 우리 연주를 보고 있으면 언니의 고민이 남의 일 같지가 않아."

공 대리가 고개를 돌려 잠들어 있는 연주를 바라보았다.

아내는 언니를 만난 후에 생각지 않았던 연주 교육비 걱정을 하고 있었다. 공 대리는 아이가 아직 어리기 때문에 벌써부터 큰 문제는 아니겠지만 아내의 심각한 표정을 보니 내심 걱정이 되었다.

아이 하나 키우는 데 2억?

아내는 연주를 한참 동안 바라보다가 뜬금없이 말했다.

"연주가 어른이 될 때까지 키우는 데 얼마나 들까?"

공 대리의 머릿속에 최근에 본 신문기사가 떠올랐다.

"음, 지난번 신문에서 보니까 대학까지 졸업시키는 데 2억 6천 만원 정도 든대. 지금 생각해보니 우와, 집 한 채 값이네."

아내가 새삼 높은 금액에 놀라는 표정을 지었다.

"그래서 아이를 못 낳는 거구나."

아내가 한숨을 쉬며 혼잣말로 중얼거렸다.

공 대리도 2억이 넘게 든다는 양육비를 생각해 보니 무심코 지나쳤던 자녀교육비에 대한 문제가 이제야 현실로 다가왔다. 예전에는 아이를 낳으면 '없으면 없는 대로 있으면 있는 대로 건강하게 잘 키우면 된다'는 생각을 했었다. 하지만 막상 연주가 태어나니

: 그림 1_ 자녀 1인당 평균 양육비 :

(단위: 만 원)

총 2억 6천204만 원

6,811

6,300

4,154

3,535

2,938

2,466

영아기 유아기 초등학생 중학생 고등학생 대학생

※ 유학·재수·어학연수 등은 미고려
※ 2009년 기준

자료: 한국보건사회연구원

유학도 보내고 좋은 대학도 보내서 세상을 이끌어갈 글로벌 인재로 키우겠다는 욕심이 생겼다. 그렇게 키우려면 얼마나 들까. 어림잡아 최소 5억 정도는 있어야 한다는 계산이 나오자 등골이 오싹해졌다. 자식을 키운다는 게 경제적으로 얼마나 힘든 일인지 이제야 조금이나마 알 것 같았다.

아내가 말했다.

"우리도 연주를 위해서 학자금 저축에 가입할까? 언니도 애들 어렸을 때 저축 안 해둔 걸 후회하더라고. 애들 교육비가 본격적으로 들기 전에 최대한 모아두라고 하던데."

"학자금 저축? 그럼 기존의 적금을 깨서 나누던가 해야 하는데, 지금 깨면 이자도 얼마 안 되고, 학자금 저축이 필요하긴 하지만 손해까지 보면서 꼭 그렇게 할 필요가 있겠어? 결혼하면서 매달 20만 원씩 넣었던 적립식 펀드 있잖아. 그걸 계속 넣어서 연주 교육비로 쓰면 되지 않을까?"

아내는 동의한다는 듯 고개를 끄덕였다.

곤히 잠자던 연주가 칭얼거리며 눈을 떴다.

아내는 연주를 안으며 토닥거리다가 분유를 타오겠다며 공 대리에게 안겨주었다. 공 대리는 서툰 솜씨로 아이를 안고 칭얼거리는 연주를 바라보았다. 평소 같으면 습관적으로 튀어나오던 까꿍이란 말이 차마 나오지 않았다. 연주의 얼굴에 2억 6천만 원이라는 글자가 선명하게 쓰여져 있는 것 같았다. 동시에 내년쯤 생각했던 둘째 계획이 단숨에 사라지고 말았다.

자녀를 두 명이나 키우고 있는 머니세미나 동기생인 고바우 아저씨가 갑자기 존경스러웠다.

내 노후,
도대체
얼마면 되겠니?

　아내가 출산휴가를 마치고 회사에 복귀하자 딸 연주는 집 근처에 사는 장모님이 맡아주셨다. 공 대리가 새벽에 출근하고 밤늦게 퇴근하는 덕에 연주를 처갓집에 맡기고 데려오는 건 오로지 아내의 몫이었다.

　어느 날, 공 대리가 퇴근길에 커다란 케이크를 들고 처갓집으로 걸음을 옮겼다. 처남 생일을 축하할 겸 오랜만에 온 가족이 모여서 저녁식사를 함께하기로 한 것이다.

　처갓집에 들어서자 거실에는 커다란 교자상 위에 음식이 한가득 차려져 있었다.

　처남이 인사를 하며 냉장고에서 시원해 보이는 맥주를 꺼내 왔다. 출장을 간 동서를 빼고 온 가족이 한자리에 둘러앉았다.

공 대리는 평소에 좋아했던 잡채와 갈비찜, 그리고 광어회가 한눈에 들어왔다. 보기만 해도 침이 꿀꺽 넘어갔다. 오랜만에 회포를 풀어야겠다며 맥주병을 잡고 뚜껑을 힘차게 땄다.

"처남, 생일 축하해. 이제 나이가 스물여덟 살이면 장가갈 때가 다 됐네."

공 대리가 웃으면서 처남에게 맥주를 따라주었다.

"장가는 무슨! 취직도 못했는데 누가 시집이나 오겠어?"

아내가 비꼬듯이 말했다. 순간 분위기가 싸늘해졌다.

처남은 얼굴을 붉히며 단숨에 맥주잔을 비웠다. 공 대리는 아내의 옆구리를 살짝 꼬집으며 처남의 잔에 맥주를 채워주었다.

작년에 대학을 졸업한 처남은 2년 가까이 직장을 구하지 못했다. 아내는 괜찮은 대학을 나오고도 집에서 놀고 있는 동생을 볼 때마다 못마땅하게 여기며 불만을 표출했다. 퇴근을 하고 연주를 데리러 처갓집에 들를 때마다 어디 가서 아르바이트라도 하라며 역정을 내곤 했다.

"오늘은 처남 생일이니까, 그런 얘기는 그만하고 기분 좋게 식사하자고요. 자, 건배!"

공 대리는 분위기를 바꾸기 위해 웃으면서 장인과 처남에게 건배를 외쳤다.

"나도 한잔 주게."

그때 느닷없이 장모님이 맥주잔을 들었다. 가족들이 모두 놀란 얼굴로 장모님을 바라보았다. 평소에 술 한 모금도 입에 대지 못하시는 분이었다.

공 대리가 어리둥절한 표정으로 맥주를 따르자 장모님은 단숨에 절반을 마셨다. 그리고 나서도 계속 술을 마시자 분위기가 갑자기 가라앉았다. 금방이라도 무슨 일이 터질 것만 같았다. 공 대리는 처남과 조심스럽게 맥주를 마시며 가까이 놓인 잡채와 두부전을 먹었다. 가장 먹고 싶었던 갈비찜과 광어회는 멀찌감치 장모님 앞에 놓여 젓가락을 뻗을 엄두가 나지 않았다.

잠시 후 식사를 마치자 커다란 상이 치워졌다. 공 대리는 잔뜩 남겨진 갈비와 광어회를 보면서 아내 은미에게 따로 챙겨두라고 눈치를 주었다. 처형이 과일과 케이크가 놓인 다과상을 내왔다.

공 대리가 손뼉을 치며 생일축하곡을 불러주었고, 처남은 마지못해 촛불을 끄고 케이크를 잘랐다. 케이크 한 조각씩 앞에 두고 앉은 가족들의 표정은 여전히 어두웠다.

장모님, 자식들에게 호통치다

갑자기 식사 내내 말씀이 없으셨던 장모님이 결연한 표정으로 입을 열었다. 모두 긴장한 표정이었다.

"내가 지난달부터 연주를 봐주고 있는데, 이제부터는 양육비를 받아야겠다. 그리고 첫째 은희도 애들 봐달라고 자꾸 부탁하는데 내가 애 봐주는 기계도 아니고 더는 안 되겠구나."

공 대리가 사과를 씹다가 혀를 깨물었다. 아내 역시 놀라면서 장모님을 바라보았다.

"엄마는 정말 우리 사정 몰라서 그래? 내가 나중에 챙겨드린다고 했잖아!"

아내가 화를 내며 말했다. 연주를 친정에 맡기고 나서부터 아내의 성격이 날카로워졌지만 오늘따라 더한 것 같았다. 공 대리는 자신마저 나섰다간 사태가 더 심각해질 것 같아서 잠자코 있었다.

장모님이 맥주를 마셔서 붉게 달아오른 얼굴로 계속 말씀하셨다.

"너희들, 우리 앞으로 나오는 연금이 얼마인 줄은 아니? 평생 동안 너희들 키우느라 변변한 연금 하나 제대로 못 들었고, 그나마 국민연금이라고 있는 게 고작 60만 원도 안 나오더라. 가진 거라곤 이 집하고 퇴직금 조금 남았는데 그걸로 얼마나 살 수 있겠니? 네 애비를 봐라. 육십이 넘도록 일하시고도 생활비가 부족하니 또 일을 나가신다. 나이 들어서 무슨 일을 할 수 있겠니? 기껏해야 푼돈 몇만 원 벌어오시는데, 몸도 안 좋은 양반이 그러는 걸 보면 내가 울화가 치밀어서 못살겠다."

장모님의 매서운 말투에 모두 고개를 숙인 채 침묵했다.

장모님은 물 한 모금을 드신 후 말씀을 이으셨다.

　"자식들 키워봐도 누구 하나 부모에게 생활비 하라며 건네주는
사람 없고, 오히려 서로 자기 자식들 봐달라며 맡기고 있으니, 난
너희들이 해도 너무 한다는 생각밖에 안 든다."

　공 대리가 조심스럽게 침을 꿀꺽 삼켰다.

　"큰애 은희도 애들 맡기겠다는 얘기 또 꺼내지 마라. 연주 하나

보는 것도 허리가 휘청대는데 어떻게 니들 두 애까지 볼 수 있겠니?"

공 대리와 아내가 처형을 바라보았다.

처형은 난처한 표정으로 공 대리 부부에게 사정을 설명했다.

"애들 교육비가 많이 들어서 어디 가서 일을 하려 했거든. 내가 퇴근할 때까지는 애들 맡길 데가 엄마밖에 없더라고. 애들 학교 마치고 세 시간 정도만 봐주시면 되는데……."

처형이 장모님을 바라보자 장모님은 고개를 휙 돌리셨다.

"엄마가 저렇게 나오니 어쩔 수 없지 뭐. 사실 오늘도 부탁을 하려고 했는데. 다른 데 알아봐야지."

장모님은 화가 많이 난 듯 주방 쪽으로 반쯤은 돌아 앉으셨다.

장모님과 가족들이 한동안 말이 없자 처남이 조용히 일어나더니 자기 방으로 들어갔다. 공 대리도 처남을 따라 도망가고 싶은 마음이 굴뚝같았다.

"공 서방?"

장모님이 큰소리로 호명하자 공 대리는 깜짝 놀라 엉겁결에 "네!" 하고 대답했다.

"하루종일 자네 아이를 돌보고 있으니 양육비로 매달 50만 원씩 주게!"

"……."

공 대리는 잠시 아무 대답도 못했다.

아내가 화난 표정으로 벌떡 일어나 거실을 나가는 바람에 공 대리는 얼른 "네, 그렇게 하겠습니다"라고 대답했다.

당장 50만 원을 어떻게 마련해야 할지 막막했지만 이것저것 계산할 때가 아니었다. 장모님의 표정을 보니 무조건 드려야겠다는 생각만 들었다. 양육비를 안 드리면 연주를 두 번 다시 맡기지 못할 것 같았다.

잠시 후 장모님이 자리에서 일어서서 주방으로 나가자 공 대리도 기다렸다는 듯이 벌떡 일어나 처남 방으로 들어갔다. 처남은 컴퓨터로 구직사이트를 분주하게 접속하며 채용공고를 열심히 살펴보고 있었다. 공 대리는 처남의 침대에 걸터앉아 넥타이를 느슨하게 풀며 이마의 땀을 훔쳤다. 그러고 나서 생일선물로 준비한 용돈을 내밀었다.

"처남, 이거 얼마 안 되는데 용돈이라도 해."

"아니에요. 매형도 힘드실 텐데 괜찮아요."

처남이 극구 사양했으나, 공 대리는 누나에게는 꼭 비밀로 해달라며 손에 쥐어주었다.

공 대리 부부, 또다시 돈 문제로 고민하다

공 대리 부부는 집으로 걸어가면서 아무 얘기도 하지 않았다. 아내는 불만에 가득찬 표정을 지었고 공 대리는 잠든 연주를 안고 묵묵히 걸어갔다. 지난달부터 걱정되던 자녀교육비에 오늘 처갓집에서 생생하게 느낀 노후에 대한 불안까지……. 아직 내 집도 마련하지 못했는데 연주 교육비와 노후자금까지 어떻게 준비해야 하는 건지 막막했다. 신호등을 기다리면서 가로등에 비친 연주의 얼굴을 바라보고 있자니, 연주의 이마에 매달 50만 원이라는 글자가 보이는 것 같아 가슴이 철렁 내려앉았다.

공 대리는 집으로 돌아와 연주를 재우고 아내와 함께 식탁에 앉았다. 한동안 말이 없던 아내가 불쑥 말을 꺼냈다.

"엄마는 우리 사정을 뻔히 알면서 어떻게 매달 50만 원씩이나 달라고 해."

아내가 불만에 가득차서 씩씩거렸다.

이에 공 대리가 자근자근한 목소리로 설득했다.

"자기야, 장모님 말씀 하나도 틀리지 않아. 부모님 두 분이 어떻게 60만 원도 안 되는 연금으로 생활할 수 있겠어? 나이 드신 장인이 번듯한 곳에 취직할 수 있는 것도 아니고 간신히 일 나가시면서 용돈 정도 버시는데, 아이까지 봐달라고 맡겼으니 당연한 거지."

아내가 이내 받아쳤다.

"아무리 그래도 그렇지……."

아내는 말을 잇지 못하고 잠시 울먹였다. 창가 쪽을 바라보는 아내의 눈가에 눈물이 고였다. 공 대리는 아무 말도 할 수가 없었다.

아내의 심정을 충분히 알 수 있기 때문이었다.

마침내 아내는 두 손으로 얼굴을 감싸며 흐느꼈다. 물끄러미 바라보던 공 대리가 손수건을 꺼내 건네자 아내는 손수건을 받아 눈물을 닦으며 진정하려고 애썼다.

"적금 하나를 깨서 이 달부터 드리자."

공 대리의 결단에 아내가 잠시 생각하더니 말했다.

"조금만 기다려 봐. 내가 엄마한테 잘 말해 볼게. 우리 형편에 당장 50만 원은 무리라는 걸 엄마도 잘 아실 거야. 나중에 월급이 늘면 그때 더 드리면 되잖아."

공 대리는 '아니야, 그냥 50만 원 드리자'라고 시원하게 말하고 싶었지만 목에 걸려서 나오지 않았다. 그놈의 돈이 뭔지 형편없는 사위가 된 기분이었다.

공 대리는 분위기를 바꾸기 위해 아내와 소파로 옮겨 앉으며 텔레비전을 켰다. 그러고는 문득 말했다.

"그런데 국민연금이란 게 그 정도밖에 안 나오나? 장인께서 꽤 오래 회사에 다니셨잖아……."

"IMF 때까지는 한 회사를 10년 넘게 다니셨는데, 그 이후로는 회사를 옮기면서 제대로 못 넣으셨나 봐. 얼마 전 신문에 나왔는데 우리나라 베이비부머의 평균 국민연금 수령액이 45만 8천 원이래. 자식들 키우느라 노후자금까지는 미처 생각지 못했던 거지. 우리 부모님도 마찬가지고. 어렸을 때는 내가 크면 고생한 엄마 아빠한테 호강시켜드리겠다고 입버릇처럼 말했는데……."

아내가 말끝을 흐리며 한숨을 쉬었다.

공 대리는 몇 년 전부터 부쩍 뉴스에 자주 등장하는 노후문제가 이렇게 심각한 줄 몰랐다. 개인연금에 매달 20만 원씩 넣고 있긴 하지만 그것만으로는 턱없이 부족할지도 모른다는 생각이 들었다.

연주 교육비에 우리 부부의 노후까지, 도대체 얼마의 돈을 넣어야 해결할 수 있는지 전혀 가늠이 되지 않았다.

꿈에 그리던 내 집 장만

공 대리가 연주를 처가에 맡긴 지 1년이 지났다. 장모님은 첫 달에만 양육비로 50만 원을 받으셨고, 다음 달부터는 30만 원만 받으셨다. 아내가 설득을 잘한 것인지 아니면 장모님께서 배려를 해주신 것인지는 알 수 없었다.

얼마 전에 있었던 연주 돌잔치 때는 박원국 소장과 고바우 아저씨를 비롯해서 머니세미나 동기생들이 대거 참석해 자리를 빛내줬다.

오늘은 퇴근하는 공 대리의 발걸음이 가벼웠다. 마치 뛰어가듯 집을 향해 걸었다.

현관문을 열자 이제 막 걷기 시작한 연주가 아장아장 걸어오며 공 대리의 품에 안겼다. 태어날 때는 아내를 닮아서 예쁘다는 소리를 자주 들었지만 지금은 공 대리를 더 닮아서인지 예쁘다는 말보다 귀엽다는 말을 더 많이 듣고 있다.

공 대리는 식사를 급하게 마치고 서류가방을 열어 뭔가를 꺼냈다.

"은미야, 선물이야."

공 대리는 하얀 서류봉투를 아내에게 내밀었다.

"선물? 갑자기 무슨 선물?"

"열어 보면 알아."

공 대리가 어깨를 으쓱 올리며 대답하자, 아내는 대수롭지 않게 하얀 서류봉투를 열었다.

"뭐야, 통장이잖아."

"그래, 통장인데 보통 통장이 아니야."

5년 만에 1억을 모으다

서류봉투 안에는 두 개의 통장이 있었다.

"어, 어머, 이게 다 우리 돈이야? 가만 있자, 이 두 통장을 합치면⋯⋯ 1억이 넘네!"

아내의 눈이 휘둥그레졌다.

공 대리는 자랑스러운 얼굴로 뿌듯해했다.

"오늘 마지막으로 적금을 탔어. 그동안 모은 돈을 모두 이 통장에 넣었더니 무려 1억 80만 원. 우리가 5년 전에 목표했던 1억을 오늘 달성한 거야!"

공 대리는 다시 한 번 어깨를 으쓱했다.

오늘은 아내와 축배를 들겠다고 다짐했던 터였다.

그런데 아내가 분명 펄쩍 뛰며 좋아할 줄 알았는데, 표정을 보니 의외로 반응이 덤덤했다. 아내는 조용히 미소짓다가 연주가 칭얼대자 한숨을 쉬면서 분유를 먹였다. 오늘따라 많이 피곤해 보였다.

"은미야, 기쁘지 않아? 난 이거 보여주려고 퇴근하자마자 날아왔는데."

"응, 기뻐. 정말 좋아."

아내는 1억이 들어 있는 통장보다 밤에만 엄마를 만날 수 있는 연주가 더 신경 쓰이는 것 같았다. 요즘 들어 연주가 한밤에도 칭얼대는 바람에 아내는 제대로 잠을 못 잔 채 출근하는 날이 잦아졌다.

이윽고 연주가 잠이 들자 아내 은미는 통장을 다시 집어들고 그제야 기쁨을 표현했다.

"우와! 우리에게도 1억이란 돈이 생겼네!"

아내는 믿어지지 않는 듯 통장 안에 찍힌 숫자를 계속 세어보았다. 공 대리는 기다렸다는 듯 아내를 위한 최고의 선물이라 생각했던 한마디를 던졌다.

"은미야, 이제 회사 그만 다녀. 앞으로는 집에서 연주 키우면서 살림만 해."

"……."

아내 은미는 아무 대꾸도 하지 않았다.

"우리가 목표로 한 1억을 모았으니까 앞으로는 내 월급만으로 살 수 있을 거야. 예전처럼 저축을 많이 하기는 어렵겠지만 재테크를 잘한다면 더 많은 돈을 불릴 수도 있고. 자기는 나만 믿고 연주 잘 키울 생각만 해."

공 대리는 자신감이 넘치는 목소리로 말했다.

아내 은미는 무슨 생각을 하는지 잠든 연주의 머리를 말없이 쓸어내리기만 했다.

대출이냐 전세냐, 그것이 문제로다

아내는 고민 끝에 회사를 그만두었다. 공 대리 부부는 갑자기 줄어든 소득 때문에 생활비를 줄이는 게 힘들었지만 최대한으로 아껴쓰려고 노력했다. 회사를 그만두자 늘 피곤해 보였던 아내의 얼굴에는 화색이 돌았고, 연주도 한밤중에 일어나 칭얼거리는 일이 없어졌다.

공 대리 부부는 틈만 나면 함께 집을 보러 다녔다. 그동안 모은 돈 1억 원에 현재 살고 있는 전세자금 5천만 원을 합치면 집을 살 수 있겠다는 판단이 섰기 때문이다. 지난 머니세미나에서 박 소장이 부자가 되는 첫걸음은 내 집 마련이라고 강조한 점도 이들의 마음을 굳히게 만들었다.

공 대리가 부동산사이트나 광고를 통해서 괜찮은 집을 찾아내면 아내는 연주를 친정에 잠시 맡겨두고 집을 보러 다녔다.

그러던 중 교통이 좋은 신도시 인근의 급매물 아파트가 눈에 들어왔다. 그동안 눈여겨보았던 다른 아파트들보다 최근에 지어진 아파트로 27평(89.2m²) 구조에 화려한 내부 장식과 탁 트인 전망이 마음에 들었다. 석 달 동안 부동산을 다녀봤지만 이 정도의 아파트는 찾기 어렵겠다는 생각이 들었다. 부동산에서는 시세보다 2천만 원가량 저렴한 3억 2천만 원을 제시했다.

공 대리 부부는 집에 돌아와서 이 아파트를 계약할 건지에 대해 의논했다.

공 대리가 먼저 진지하게 얘기를 꺼냈다.

"난 이 집이 마음에 들어. 입주한 지 2년도 안 된 새 아파트이고, 회사까지 한 번에 가는 버스도 있고, 게다가 지금 부동산이 불경기라 2천만 원이나 싸게 살 수 있잖아. 집값도 나중에 분명히 오를 거야."

아내는 걱정스러운 듯 말했다.

"대출을 1억 5천만 원까지 받을 수 있다고 하던데 그러면 2천만 원이 모자라잖아. 어디 구할 데가 있어?"

공 대리가 자신 있게 말했다.

"나한테 다 생각이 있지. 우리가 그동안 넣은 연금 있잖아. 보험사에 전화해서 알아보니까 지금 해약하면 손해가 조금 나기는 하는데 1천500만 원 정도 찾을 수 있다더라고. 그리고 자기가 결혼하면서 넣었던 펀드도 1천만 원이 넘고, 수익이 제법 났던 걸."

"그건 우리 노후자금하고 연주 교육비로 남겨둔 거잖아?"

"알아. 하지만 큰일을 앞에 두고 그런 거 다 따질 수는 없어. 지금 당장 3억이 넘는 집을 사야 하는데, 20년 후에 닥칠 일 때문에 포기해야 한다면 정말 바보스러운 짓 아니겠어?"

아내는 아무 대답을 안 했다.

"일단 자금을 최대한 모아서 집을 사고, 그 다음에 연금이랑 연주 교육비를 마련하기 시작해도 늦지 않을 거야."

공 대리가 자신의 주장을 굽히지 않았다.

아내가 차갑게 대꾸했다.

"그건 그렇다 치고, 그 집을 사려면 1억 5천만 원이나 대출을 받아야 하거든. 그럼 매달 65만 원가량을 이자로 내야 하는데 부담스럽지 않아?"

공 대리가 자신 있게 대답했다.

"요즘 집 사면서 그 정도 대출 없이 집 사는 사람이 어디 있어? 지난번 연주 돌잔치 때 인사했던 우리 부서 구 과장님 알지? 그분은 이자만 150만 원을 낸대. 그것에 비하면 우리는 아무것도 아니지. 매달 65만 원이면 일 년 동안 780만 원을 내는데, 2천만 원이나 싸게 샀으니 2년 치가 넘는 이자를 번 거잖아. 그리고 집값이 올라준다면 몇천만 원은 벌 수 있을 테고. 아니, 1억 이상이 될지도 몰라!"

공 대리가 말을 마치고 흐뭇한 표정을 지었다.

아내는 골똘히 생각하다가 고개를 갸웃거리면서 조심스럽게 말을 이었다.

"그래도 난 1억이 넘는 대출은 부담스러운데……."

"그 정도 대출은 괜찮다니까!"

공 대리가 짜증스럽게 아내의 말을 잘랐다.

결국 공 대리 부부는 아파트 구입 문제로 자정이 넘도록 잠들지 못하고 티격태격했다.

새 집에 새 차, 장밋빛 인생이 펼쳐지다

일주일 후, 공 대리와 연주를 안은 아내 은미가 부동산중개소에서 계약서를 썼다. 지난주에 봤던 아파트를 사기로 결정한 것이다. 연금보험과 펀드를 모두 해약하고 계약금에 보태어 지불을 완료했다.

"잘 결정하셨습니다. 지금 부동산 경기가 안 좋아서 그렇지 조금만 있으면 금세 오를 겁니다. 2천만 원이나 싸게 사셨으니 앞으로 돈 좀 버시겠습니다. 흐흐흐."

부동산중개업자가 만족스럽게 웃으며 공 대리 부부에게 말했다.

공 대리는 계약서에 도장을 찍고 아내의 손을 꼭 잡았다. '생애 처음으로 마련하는 내 집'이라는 생각에 감격이 부풀어오르기 시작했다. 아내도 기쁜 표정을 감추지 못했다.

부동산중개소를 나온 공 대리 부부는 계약한 집을 다시 찾아가 둘러보았다.

'이 집이 내 집이란 말이지?'

공 대리는 뿌듯한 표정을 지으며 집 안의 공기를 충분히 들이마셨다. 가슴이 울컥해졌다. 가장 먼저 시골에 계시는 부모님이 떠올랐다. 집을 장만했다는 소식을 들으면 얼마나 좋아하실까. 눈물을 글썽거리실 어머니의 모습이 눈에 선하게 그려졌다.

"우와, 자기야! 정말 꿈만 같아!"

새 아파트로 이사하고 이삿짐 정리가 끝난 날, 아내 은미는 두 팔을 벌리며 좋아했다. 거실에는 커다란 샹들리에가 반짝거리며 빛을 발하고 있었고, 천장에는 매립형 에어컨이 소리 없이 시원하게 돌아가고 있었다. 아내는 주방에서 내장형 인덕션레인지를 켜보면서 가스 냄새가 안 난다며 신나했다. 인덕션레인지 밑에 붙어있는 식기세척기는 앞으로 공 대리가 설거지하는 수고를 줄여줄 터였다. 연주도 새 아파트가 좋은지 여기저기 아장거리며 돌아다녔다. 10층이라 탁 트인 창가의 전망은 예전에 살던 비좁은 빌라와 비교할 수조차 없었다. 집안 전체가 마치 갤러리 같았다.

공 대리는 이 새 아파트에서 좋은 예감을 느꼈다.

'이 정도의 아파트라면 앞으로 1억 정도는 충분히 오를 수 있을 거야. 자, 다음번에는 30평형대 아파트다!'

공 대리는 마냥 좋아하는 아내와 연주를 바라보며 속으로 다짐했다.

아파트로 이사하면서 아내는 벽지부터 바꾸자고 했다. 거실과 침실에는 화사한 색상의 포인트 벽지를 발랐고, 연주의 방은 예쁜 캐릭터가 그려진 핑크색 벽지를 발랐다. 혼수로 사온 지 오래되어 낡은 텔레비전과 냉장고도 최신형의 새 제품으로 바꾸었다. 연주가 낙서를 심하게 해 지저분한 소파도 홈쇼핑에서 방송되던 고급스런 가죽 소파로 바꾸었다. 내 집이라서 그런지 돈을 아무리 들인다 해도 아깝다는 생각이 들지 않았다. 내 집에서 산다는 것이 바로 이런 거구나 하는 생각이 들었다.

공 대리 부부는 밤마다 거실에서 담소를 나누었다. 일찌감치 연주를 재우고 새로 산 널찍한 소파에 앉아 맥주를 마시며 조만간 큰 부자가 될 거라는 달콤한 꿈에 젖어 앞날을 그려보곤 했다. 그동안 앞뒤로 꽉꽉 막힌 빌라에서 살다가 앞이 훤하게 트인 풍경을 10층에서 내려다보고 있으니 당장이라도 부자가 된 듯한 기분이 들었다.

좀 더 일찍 저축을 시작했으면 더 빨리 내 집 마련을 할 수 있었을 텐데, 전혀 저축을 못한 신혼 초 3년의 허송세월이 못내 아쉽다는 생각이 들었다.

이사하고 보름 남짓 지난 어느 날, 공 대리는 점심시간에 여러 자동차회사의 카탈로그를 보면서 직원들과 커피를 마셨다.

"대리님, 앞으로 과장 승진도 얼마 안 남았는데 최소한 중형차는 사셔야죠?"

얼마 전, 공 대리의 집들이에 참석한 같은 부서 윤 주임이 새로 출시된 고급 세단을 강력하게 권했다.

"아…… 그런데 집사람이……."

종잣돈을 모으는 5년 동안 자가용 없이 뚜벅이 생활을 견디며 저축해온 공 대리 부부였지만, 딸 연주가 태어나면서부터 자가용이 필요한 일이 많아졌다. 공 대리가 이사한 뒤 결산을 해보니 통장잔고에 500만 원 정도가 남았다. 집 때문에 매달 65만 원의 대출이자를 갚아야 하는 점이 부담스럽긴 했지만 그것도 집값이 그 이상으로 오르면 문제 될 게 없었다. 그래서 남은 돈으로 차를 사기로 했다. 아내도 연주를 위해서 차는 꼭 필요하다고 동의하면서 대신 유지비를 고려해 반드시 소형차를 고르라고 일렀다.

공 대리는 고민되었다. 곧 과장이 되는 데다 결혼한 지 8년 만에 내 집도 갖게 되었는데, 소형차를 몰면 자존심이 상할 것 같았다. 과장이라는 직위에 걸맞은 차를 고르라는 윤 주임의 말도 틀린 건 아니었다. 윤 주임은 특히 소형차를 사면 2년 안에 반드시 후회한

다며 차는 살 때 좋은 차를 사서 오랫동안 타는 게 돈 버는 거라고
강도 높게 말했다.

　결국 공 대리는 아내의 만류를 뿌리치고 최신형 중형 세단을 구
입했다. 앞으로 3년 동안 할부금과 이자를 포함해서 매달 75만 원
씩 내야 했다. 아내는 처음 며칠 동안은 투덜댔지만 대형마트에 갈
때나 친정에 놀러갈 때면 공 대리보다 더 좋아하는 것 같았다. 주
말에 새 차를 타고 가족끼리 드라이브를 갈 때면 정성스레 화장한
채 조수석에 앉아서 운전하는 공 대리 입에 예쁘게 돌려 깎은 과일

을 넣어주기도 했다. 연주도 넓은 새 차가 좋은지 뒷좌석 카시트에 앉으면 늘 옹알거리며 주위를 두리번거렸다.

어느 날, 공 대리는 퇴근길에 차를 몰면서 혼자 생각했다.

'꽤 괜찮은 아파트도 가지고 있고, 중형 승용차도 끌고 다닌다. 이제 과장이 되면 연봉도 오를 테고……. 나도 이 정도면 부자의 길로 들어서는 건가?'

공 대리는 바야흐로 제2의 인생을 시작하는 기분이었다. 아내와 함께 허리띠를 바짝 졸라매고 단돈 천 원까지 아끼며 살던 지난 5년을 회상하니 자신도 모르게 감정이 북받쳐 올랐다.

공 대리는 새 차 냄새를 맡으며 여유 있는 운전 솜씨로 환하게 불을 밝힌 아파트 단지에 들어섰다. 지하 주차장을 향해 나 있는 곡선형 도로로 주행하면서 아내와 연주의 곁으로 달려갔다.

이게 아닌데,
내가 왜
이렇게 되었을까?

내 집을 마련한 지 2년 후, 공 과장은 어두운 표정으로 집으로 향했다. 아내와 다툰 지 사흘이 지나도록 화해를 못하고 있었다.

아내가 집을 팔자고 한 게 부부싸움의 화근이었다. 공 과장은 어떻게 장만한 내 집인데 이제 와서 판다는 건 말도 안 된다고 화를 냈다. 그래도 오늘은 꼭 아내와 화해를 하고 싶었다. 공 과장은 아내를 달래기 위해 아파트 상가에서 맥주를 사려다가 그만뒀다. 최소한 만 원이라는 돈을 써야 한다고 생각하니 아까운 기분이 들었기 때문이다. 예전에는 몇만 원쯤은 쉽게 지갑을 열던 공 과장이 요즘은 점심값도 제일 싼 곳만 찾아다녔다. 그러면서도 만 원이란 돈에 벌벌 떠는 자신이 구차하게 느껴졌다.

현관문을 열자 여느 때처럼 연주가 '아빠' 소리치며 달려와 안 겼다. 어린이집을 다니면서 배운 건지 새로운 노래를 불러주었다. 아내는 여전히 공 과장의 눈길을 피했다.

이날 낮, 공 과장은 점심식사를 급하게 마치고 일찌감치 사무실 로 들어왔다. 사무실은 아직 텅 비어 있었다.

휴대폰을 열어 그동안 들어왔던 문자메시지를 확인했다. 대출 관련 문자가 수십 통 들어와 있었다. 그중 몇 곳은 꼭 필요할 것 같 아서 문자보관함에 저장해 두었다. 마음에 드는 몇 군데에 전화를 했다. 점심시간이었지만 전화벨이 두 번 울리기가 무섭게 상담원 이 전화를 받았다.

"저, 대출 좀 받으려고 하는데요……."

열 곳이 넘게 전화했지만 똑같은 대답이었다.

직장은 있냐, 연봉은 얼마냐, 기존 대출은 얼마나 받았냐, 신용불 량은 아니냐…….

공 과장이 대출업체의 대답을 들어보니 두 가지 선택을 할 수 있 었다. 적은 돈이라도 사채 수준의 고금리 대출을 받든지 아니면 대 출을 포기해야 했다. 내일이 카드 결제일인데 아직도 60만 원 정도 가 모자랐다. 며칠 후에 내야 할 대출이자와 자동차할부금까지 포 함한다면 200만 원가량 부족했다. 지난달에는 신용카드 현금서비 스로 겨우 막았지만 이 달에는 그 현금서비스를 고스란히 갚아야 하니 눈덩이처럼 빚이 불어난 것이다.

공 과장은 이대로 고금리 대출을 받는다면 신용관리에 치명적이어서 기존에 대출받았던 은행에서도 제재가 들어올까 봐 걱정되었다. 하지만 연체한다면 더 큰 문제가 생길 것이다.

공 과장의 월급은 300만 원이 조금 넘었다. 월급을 타면 매달 주택담보 대출이자 65만 원과 자동차할부금 75만 원, 그리고 연주의 어린이집 비용 35만 원이 고정적으로 빠져나갔다. 아파트관리비를 포함한 생활비를 아무리 줄여서 쓴다 해도 월 150만 원이 넘었다. 매달 20~30만 원가량이 적자인 생활을 1년이 넘도록 하고 있었던 것이다. 아내는 연주가 어린이집에 가 있는 동안 할 수 있는 일을 찾아보았지만 부업과 같은 소일거리 외에는 별다른 게 없었다.

돈 걱정에 빠진 공 과장

이날 저녁, 공 과장은 아내 은미와 식사를 하면서 슬며시 얘기를 꺼냈다. 아내는 아직도 잔뜩 화가 난 표정이었다.

"은미야, 할 말이 있어."

아내가 친정에서 가져온 된장국에 밥을 말며 공 과장을 쳐다보았다. 시금치와 두부가 듬뿍 들어간 된장국이었다. 요즘 아내는 친정에 자주 들러 반찬 한두 가지씩을 꼭 챙겨 왔다.

"이번 달에 카드 값하고 은행 대출이자가 좀 모자랄 것 같아서 걱정이야. 지난달 받은 현금서비스도 갚아야 하고 카드론 대출도 이번 달부터 원금상환을 해야 하거든……."

아내는 눈만 동그랗게 뜨고 아무 대답을 안 했다.

"어디 돈 좀 빌릴 데 없을까?"

묵묵히 밥을 먹던 아내가 툭하고 한마디 내뱉었다.

"자기, 저번에 마이너스 대출받은 거 벌써 다 썼어?"

"그게 언제 적 이야기야. 자꾸 이자가 늘어나니까 금세 없어지더라고."

아내는 숟가락을 내려놓고 유리컵에 생수를 가득 따르고는 벌컥벌컥 마셨다. 공 과장은 계속 말을 이었다.

"내일이 당장 카드 결제일이라 그래. 급한 대로 처갓집에라도 도움을 청하면 좋겠는데, 자기가 장모님께 잘 말해 보면 안 될까?"

아내가 발끈 화를 냈다.

"싫어!"

아내의 날카로운 목소리에 밥을 먹던 연주가 놀란 듯이 엄마를 쳐다보았다.

"아무리 급해도 그렇지, 얼마 안 되는 연금으로 겨우 사시는 분들한테 어떻게 돈 얘기를 꺼내?"

공 과장은 오죽하면 그러겠느냐라는 표정으로 아내를 바라보았다.

"우리 집에는 절대 얘기 못하니까 그런 줄 알아."

아내는 딱 잘라 이야기했다.

"은미야, 지금 상황을 얘기했잖아. 몇천만 원도 아니고 한 200만 원이면 되는데, 이럴 때 한번 도와달라는 게 그렇게 싫어?"

"그렇게 얼마 안 되는 돈이라면 자기네 부모님한테 얘기하지, 왜 꼭 우리 집이어야 해?"

공 과장은 갑자기 화가 치밀어올라 자기도 모르게 큰 소리가 나왔다.

"우리 집 사정을 몰라서 그래? 늙은 노인 두 분이서 농사지으며 겨우겨우 살아가시는데, 어떻게 돈 얘기를 꺼내! 겨우 200만 원 때문에 농사짓는 땅을 팔 수도 없는 거고, 그래도 처갓집은 장인어른 퇴직금이라도 남아 있잖아."

아내도 소리를 질렀다.

"난 싫어! 친정이 호구야? 우리 부모님도 얼마 안 되는 연금으로 빠듯하게 생활하시잖아. 그리고 다들 우리가 좋은 집에서 좋은 차 끌고 다니며 잘 먹고 잘사는 줄 아는데, 갑자기 돈 빌려달라고 하면 엄마가 얼마나 실망하시겠어? 그런 말 꺼내는 것 자체가 불효야. 난 싫어, 죽어도 말 못해!"

공 과장이 한숨을 크게 쉬었다. 아내의 말이 구구절절 옳아 할 말이 없었다.

공 과장은 아내에게 미안하기는 했지만 처갓집이 유일한 해결책이라고 생각했는데, 반응이 저렇게 나오는 이상 기대를 버려야 했다. 공 과장은 잠시 집 안을 둘러보았다. 그리고 불현듯 깨달았다. 이 집을 사면서부터 뭔가 잘못 돌아가기 시작했다는 걸. 재산이 늘기는커녕 대출만 늘어가고 있었다.

연주를 재우고 나온 아내가 소파에 앉아 낮은 목소리로 말했다.

"그 200만 원 내가 구해 볼게."

놀란 공 과장이 아내에게 고개를 돌렸다.

"뭐? 구할 데가 있어? 우리, 지난번에 마이너스 대출까지 받아서 더는 빌릴 데가 없잖아."

"이번에는 내가 어떻게든 해볼 테니까 앞으로 두 번 다시 우리집 얘기는 꺼내지 마."

공 과장은 아무 말을 못했다. 자신이 한없이 못난 남편처럼 느껴졌다. 아내가 계속해서 말을 이었다.

"지난번에도 말했지만 이 집에 대해서 우리 다시 한 번 생각해봐야겠어."

공 과장은 집 문제만 나오면 예민해졌다. 어렵게 빚을 갚아나가고 있는 만큼 무슨 일이 있어도 이 집만은 지키고 싶었다. 며칠 전에 아내가 이런 이야기를 꺼냈을 때도 화부터 냈다. 그것 때문에 크게 싸웠는데도 아내는 무슨 결단이라도 내릴 것처럼 단호하게 얘기를 했다.

"지금까지 낸 이자만 따져도 수천만 원이야. 집값도 점점 떨어지고 있고……."

공 과장의 얼굴이 붉어지기 시작했다.

사실 지금 살고 있는 아파트 값이 구입했을 때보다 훨씬 더 떨어졌다. 조만간 부동산 경기가 좋아지면 금세 오를 거란 부동산중개업자의 말은 빗나간 지 오래다. 집값은 한번 떨어지기 시작하자 도무지 오를 기미가 보이지 않았다. 최근 들어 금리가 인상되니 이자까지 올라가 갈수록 이자도 못 내는 일이 잦아졌다. 아무리 벌어도 매달 150만 원이 넘는 대출이자와 자동차할부금을 감당하기에는 버거웠다. 게다가 연주의 어린이집 비용까지 합치면 공 과장의 월급이 올랐어도 도저히 버텨낼 재간이 없었다.

뭔가 잘못돼도 한참 잘못되고 있었다. 공 과장은 아무리 생각해도 이대로 살면 안 될 것 같았다. 되는 일이라곤 아무것도 없고 오로지 돈 걱정뿐이었다. 식구들의 환한 웃음을 본 지가 언젠지 기억조차 나지 않았다.

특단의 대책이 필요했다.

박 소장에게 SOS를 날리다

다음날 아침, 공 과장은 사무실에 도착하자마자 박원국 소장의 머니앤리치스 홈페이지에 들어갔다. 머니앤리치스 홈페이지 게시

판에는 여전히 많은 사람들이 박 소장에게 상담을 요청하고 있었다. 갤러리의 사진을 보니 박 소장은 예전보다 더 많은 기업과 단체에서 강연을 하고 있었다. 세상에서 가장 바쁜 사람처럼 보였다.

어젯밤 공 과장은 아내와 속 깊은 대화를 하며 결론을 내렸다. 박 소장을 다시 한 번 찾아가기로 한 것이다. 지금 이 상황에서는 어떻게 해야 할지 도무지 방법이 없었다. 아내는 무조건 집을 팔자고 하지만 집값이 떨어졌는데 손해를 보면서까지 집을 팔고 싶지는 않았다. 그렇다고 이런 식으로 살 수도 없었다.

신혼 시절, 돈을 모으지 못해서 방황했던 공 과장 부부에게 돈을 모을 수 있는 방법을 알려준 사람이 바로 박 소장이었다. 박 소장 덕분에 안정적으로 돈을 모을 수 있었고, 집을 살 수 있다는 희망까지 얻었다. 그리고 집을 사는 꿈을 이루었다. 하지만 뭐가 잘못되었는지 지금 공 과장은 생각과는 정반대의 삶을 살고 있다.

공 과장은 박 소장에게 장문의 이메일을 쓰기 시작했다. 그동안 있었던 모든 일을 일기 쓰듯이 써 내려갔다. 숨기고 싶은 일도 있었지만 지금은 이것저것 따질 때가 아니었다. 현재의 상황을 토로하며 앞으로 어떻게 하면 좋을지 간곡한 마음을 담아 이메일을 보냈다.

하지만 며칠이 지나도록 박 소장의 답장이 없었다. 그동안 '나를 잊어버린 게 아닌가? 아니면 우리에게 특별히 해줄 말이 없어서 답장을 안 하시는 건가?' 공 과장은 별의별 생각을 하며 잠을 이루지 못했다.

공 과장이 답장을 받기까지는 무려 보름이란 시간이 걸렸다. 공
과장은 다급한 마음으로 메일 창을 열었다. 박 소장의 답은 뜻밖이
었다.

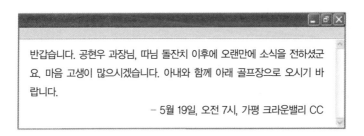

반갑습니다. 공현우 과장님, 따님 돌잔치 이후에 오랜만에 소식을 전하셨군
요. 마음 고생이 많으시겠습니다. 아내와 함께 아래 골프장으로 오시기 바
랍니다.

– 5월 19일, 오전 7시, 가평 크라운밸리 CC

짧은 답장은 여전했다.

'골프장?'

공 과장은 왜 골프장에서 만나자고 했을지 궁금했다. 5월 19일이
면 다음주 토요일이었다. 다행히도 그날에 특별한 일은 없었다.

박 소장의 Tip

유용한 대출정보에 대해 알아볼까요?

1. 부채중독 자가테스트
현재 빚이 많다면 자신이 부채중독자인지 측정해볼 필요가 있습니다. 빚은 한번 발생하기 시작하면 눈덩이처럼 불어나는 습성이 있습니다. 아래의 부채중독 자가테스트를 통해서 점검해봅시다.

■ **부채중독 자가테스트**

구분	체크
카드 현금서비스를 주1회 이상 사용한다.	☐
지금 가족이 모르는 부채를 갖고 있다.	☐
신용카드보다 현금으로 계산하는 것이 아깝다고 생각한다.	☐
부채가 생길 때 수수료를 꼼꼼히 살펴보지 않는다.	☐
신용카드 결제금액이 부족해 연체한 경험이 있다.	☐
체크카드를 사용하지 않는다.	☐
저축은행과 대부업체의 이자율 차이를 모른다.	☐
현대사회에서 금융신용제도는 반드시 필요한 것이라고 생각한다.	☐
가끔 신용카드로 필요 이상의 지출을 하고 후회한다.	☐
저축만 하고 아끼는 것은 어리석다는 느낌이 든다.	☐

• 8개 이상 '그렇다'라고 응답한 사람은 이미 부채중독자일 가능성이 큼.
• 5개 이상 '그렇다'라고 응답한 사람은 부채중독자가 될 가능성이 있으므로 유의해야 함.

자료: 한국자산관리공사

2. 서민을 위한 주요 대출정보 및 상품

● 새희망·네트워크 www.hopenet.or.kr

한국자산관리공사 캠코가 운영. 재무상황과 채무, 신용정보 등을 무료로
이용하고, 컨설팅을 통해 가정경제 개선 방안을 수립.

● 저소득, 저신용자를 위한 햇살론

신용 6~10등급(연소득 4천만 원 이하)과 연소득 2천600만 원 이하 자영업자,
기초수급자, 근로자 등에게 창업·생계자금으로 1천만~5천만 원을 대출.
연리는 10~13%, 1년 거치, 4년 분할상환(창업·사업자금)하거나 3~5년에
걸쳐 분할상환(생계자금).

문의: 신용보증재단중앙회, 새마을금고, 저축은행중앙회, 농협

● 생활안정자금을 대출해주는 새희망홀씨

시중은행에서 운영하며 최대 2천만 원까지 생활안정자금을 대출. 신용
5~10등급(연소득 4천만 원 이하)과 신용등급에 상관없이 연소득 3천만 원
이하면 신청 가능. 연리 11~14%, 최장 5년간 분할 또는 일시상환.

문의: 국내 은행 영업점 및 한국이지론

● 창업하려는 저신용자는 미소금융

창업하려는 저신용자를 전문적으로 지원하는 상품. 신용등급 7등급 이
하 중 자산이 1억 3천500만 원(특별시, 광역시 거주자) 또는 8천500만 원(기
타 지역 거주자)을 넘지 않으면서 재산 대비 채무 비율이 50% 이하여야 가
능. 최대 5천만 원의 창업자금을 연금리 4.5%(무등록 자영업자는 연 2%)로
대출. 최장 5년(6개월~1년 거치)안에 분할상환. 소상공인진흥원 등에서 컨
설팅을 받고 사업계획서를 내야 대출 가능.

문의: 미소금융재단

공 과장은 아내를 데리고 다시 한 번 지푸라기를 잡는
심정으로 박원국 소장을 찾아가게 된다. 박 소장은 두
사람에게 내 집 마련이 재테크가 아닌 이유와 하우스
푸어를 탈출하는 세 가지 방법을 가르쳐준다.

● ● ● ● ● ● ● ● ●

2장

집은 있지만
빛만 늘어간다면

★ 내 집 마련 세미나

하우스 푸어,
대한민국의
슬픈 현실

5월 19일 토요일.

새벽부터 서둘러 출발한 공 과장 부부는 연주를 처갓집에 맡기고 박 소장을 만나기 위해 골프장으로 향했다. 가평으로 향하는 국도 옆으로 북한강의 경관이 한눈에 들어왔다. 강줄기를 따라서 물안개가 모락모락 피어올랐다. 오래전 아내와 데이트를 하면서 두 번 정도 놀러 왔던 기억이 떠올랐다. 이런 낭만적인 풍경을 본 지가 참 오랜만이라는 생각이 들었다.

이른 새벽인데도 주말이어서 그런지 제법 차량이 많았다. 골프장 근처에 이르자 '세계 10대 코스로 선정된 명문 크라운밸리 CC'라는 커다란 광고판이 눈에 들어왔다. 입구에 들어서자 주차장에는 이미 많은 승용차들이 빼곡히 들어차 있었다. 대형 세단은 물론 고급 외제 승용차들이 즐비했다. 골프장에 난생 처음 와본 공 과장은 왠지 주눅이 들었다. 공 과장은 멀리 떨어진 구석에 조심스레 주차를 하고 클럽하우스로 아내와 함께 걸어갔다.

웅장하고 화려한 클럽하우스에 들어서자 형형색색 골프복을 입은 사람들이 여유롭게 소파에 앉아서 커피를 마시고 있었다. 창밖에는 골프채를 가볍게 휘두르며 몸을 푸는 사람도 여럿 있었다. 홀로 정장을 차려입은 공 과장과 아내 은미가 어디로 가야 할지 몰라 두리번거리자 한 직원이 다가왔다.

"안녕하십니까, 혹시 박원국 소장님과 약속하신 분입니까?"

공 과장이 고개를 끄덕이자 직원은 클럽하우스 밖으로 안내했다. 새하얀 골프카트에 공 과장 부부를 태우더니 골프장 방향으로 천천히 운전하기 시작했다. 공 과장은 편안히 카트에 앉은 채 골프장 구경을 시작했다. 시원한 바람이 공 과장의 머리카락을 스치고 지나갔다. 새벽의 맑은 공기에 머릿속이 상쾌해졌다.

박 소장, 하우스 푸어를 말하다

골프 코스를 지나 가파른 언덕에 다다르자 유럽풍으로 지어진 작은 카페가 보였다. 직원은 골프카트를 멈추고 내리더니 공 과장

부부를 카페 안으로 안내했다. 카페 안은 고풍스럽고 격조 있는 분위기였다. 문이 열리자 유니폼을 반듯하게 차려입은 여직원이 정중하게 인사했다. 넓은 창가에는 고급스러운 테이블과 의자들이 놓여 있었고 그 중간쯤에 공 과장이 그토록 만나고 싶어했던 박 소장이 홀로 앉아서 수첩에 무언가를 적고 있었다.

공 과장의 표정이 환하게 밝아졌다. 여직원의 안내에 따라 다가

가자 박 소장은 고개를 돌리며 공 과장 부부를 반갑게 맞았다.

"오랜만입니다. 이른 시간에 이곳까지 오느라 고생하셨습니다."

박 소장은 공 과장과 아내의 손을 꼭 잡으며 악수를 했다.

"아닙니다. 소장님 덕분에 골프장도 다 와보게 되네요. 정말 좋은데요."

아내가 활짝 웃으면서 인사를 건넸다.

자리에 앉자 카페 직원이 김이 모락모락 피어오르는 드립커피를 가져왔다.

카페는 언덕 꼭대기에 있어서 전망이 좋았다. 드넓은 유리창을 통해 골프장을 바라보자 서너 명이 무리지어 골프 치는 모습이 보였다. 시원스럽게 골프채를 휘두를 때마다 '딱' 하는 소리가 경쾌하게 들려왔다. 박수를 쳐주며 '나이스 샷'을 외치는 사람들이 마치 다른 세상의 사람들처럼 보였다.

박 소장이 커피 한 모금을 마시며 입을 열었다.

"갑자기 골프장에서 만나자고 해서 놀라셨을 겁니다. 공현우 씨의 사연을 읽어보니 답답하고 비좁은 제 연구소보다는 이렇게 시원하게 트인 곳에서 뵙는 것이 좋겠다는 생각을 했습니다. 이 카페에 예약을 잡느라 답장이 늦어졌습니다."

공 과장이 고개를 끄덕였다.

"정말 보기만 해도 가슴이 뻥 뚫리는 것 같습니다. 세상에 이런 곳이 있는 줄도 몰랐습니다. 부자들은 정말 누릴 수 있는 게 너무나 많은 것 같습니다."

공 과장은 자신도 모르게 한숨이 흘러나왔다.

박 소장이 아내 은미를 바라보며 얘기했다.

"오늘 두 분을 함께 만나자고 한 건 현재의 경제적인 문제를 해결하려면 부부가 힘을 합쳐야 하기 때문입니다. 앞으로 두 번 정도 더 만날 겁니다. 오늘 하루 만났다고 해결되는 단순한 문제가 아니기 때문이죠. 앞으로 시간을 두고 고민하면서 해결책을 찾게 될 겁니다."

공 과장 부부는 결연한 표정으로 고개를 끄덕였다.

박 소장이 계속해서 말했다.

"공현우 씨의 메일은 잘 읽었습니다. 요즘 심정이 어떨지 짐작이 가서 마음이 아팠습니다. 열심히 사는 분들이 이런 고통을 겪으시는 걸 보면 참으로 안타깝습니다."

아내 은미가 대답을 했다.

"네, 소장님도 아시다시피 저희는 정말 열심히 살려고 노력했거든요. 하지만 시간이 흐를수록 걱정만 생기고 나아지는 게 없더라고요. 대출금은 태산 같은데 조금 있으면 연주 교육비도 본격적으로 들어갈 테고, 노후준비는 요원한 것 같고요. 정말 어떻게 헤쳐나가야 할지 앞이 깜깜해요."

아내가 하소연하듯이 말하자 공 과장이 아내를 잠시 바라보았다.

이를 보고 있던 박 소장이 이해한다는 표정을 지으며 자신 있는 목소리로 답을 했다.

"자, 지금부터는 모든 걱정을 내려놓고 새로운 삶을 설계해 봅시다. 오로지 '어떻게 하면 우리 집이 지금보다 더 나아질 것인가?'라는 생각만 하는 겁니다. 알겠지요?"

박 소장이 미소를 지으며 공 과장 부부를 바라보았다. 부부는 천천히 고개를 끄덕였다.

박 소장은 커피를 한 모금 마신 후 조심스럽게 찻잔을 내려놓았다. 아침햇살이 테이블 위에 강하게 비추기 시작하자 카페 직원은 블라인드를 조금 내려서 햇볕을 차단시켜 주었다.

박 소장이 이야기를 시작했다.

"우리나라의 가장 큰 문젯거리는 매번 신기록을 갈아치우는 가계대출일 겁니다. 바로 공현우 씨 가족과 같은 사람들이 점점 늘어나고 있는 것이죠. 조만간 가계대출이 1천조 원을 넘길 거라고 하니 전 국민이 빚잔치를 벌이고 있다고 해도 과언이 아닙니다. 정부에서는 대출을 줄여보려고 다양한 조치를 취하지만 대부분 신규 대출자에 대한 조치들일 뿐, 기존의 대출자들은 어떻게 해야 할지 별다른 방법을 찾지 못하고 있는 실정입니다. 당장 대출을 갚으라고 국민을 협박할 수도 없는 노릇이고, 나랏돈이 넘쳐나 대출을 탕감해 줄 수도 없으니 답답한 현실이지요."

박 소장의 얘기를 들으면서 공 과장도 천천히 커피를 마셨다.

"어제 하루 동안 도착한 대출 관련 문자를 확인해 보니, 무려 열건이 넘더군요. 돈이 없으면 없는 대로 아껴 써도 모자를 판에 자꾸 대출을 부추기고 있으니, 대출자들은 대출을 대출로 돌려 막게 되고, 그러다 보니 결국 이렇게 문제가 커진 겁니다."

바로 공 과장의 경우였다. 대출이자와 카드 값을 낼 돈이 모자라면 다른 대출을 통해서 갚아왔다. 그러다 보니 대출은 순식간에 불어났다. 대출이자가 늘어난 만큼 생활비를 줄여야 한다는 걸 알면서도 카드 값은 줄이기가 어려웠다.

"공현우 씨, 하우스 푸어란 말 들어보셨죠?"

공 과장이 고개를 살짝 끄덕이며 대답했다.

"……네. 요즘 뉴스나 신문에서 자주 듣고 있습니다."

"하우스 푸어, 집은 있지만 대출을 갚느라 생활에 허덕이는 안타까운 사람들을 가리키는 말이죠."

공 과장과 아내는 고개를 떨구며 아무 말도 못 했다.

"예전에는 집을 사면 몇천만 원씩 오르니 이자 내는 건 별것 아니라고 생각했습니다. 그래서 무리해서라도 집을 샀지요. 하지만 지금은 어떻습니까? 집값은 떨어지고 이자는 올라가고 있으니, 무리해서 집을 산 사람들은 죽을 맛이지요. 막상 집을 팔려고 해도 손해보면서까지 팔 수 없다는 생각과 언젠가는 오를 거라는 믿음에 사로잡혀서 이러지도 저러지도 못하고 있는 겁니다."

공 과장이 한숨을 내쉬고는 대답했다.

"후……, 바로 우리 집 모습이네요."

박 소장이 고개를 저으며 말했다.

"하우스 푸어는 공현우 씨 집만의 문제가 아닙니다. 어느 경제연구원의 조사에 따르면, 이미 우리나라에는 하우스 푸어가 무려 550만 명이 넘는다는군요."

"550만 명이나요?"

공 과장은 이해할 수 없다는 듯 고개를 갸우뚱했다.

"네, 주변 사람들을 생각해 보세요. 집을 가지고 있지만 집을 사기 위해 대출을 받은 사람들 말이죠. 소득의 30% 이상을 원리금 상환과 이자를 내는 데 지불하는 사람들 말입니다."

공 과장이 잠시 생각하더니 입을 열었다.

"제 주변에 집을 가지고 있는 사람 거의 대부분이 해당되는 것 같네요."

박 소장이 고개를 끄덕였다.

"아마 그럴 겁니다. 지금 당장은 550만 명이란 수치가 피부로 느껴지지 않겠지만 주변에 집을 사면서 받은 대출 때문에 힘들어하는 사람들만 찾아봐도 하우스 푸어가 얼마나 많은지 짐작이 갈 겁니다. 이들은 집값이 올라서 상황이 호전되기를 바라고 있지만, 집값은 2008년을 기점으로 떨어지기 시작한 후로 좀처럼 오르지 않고 있습니다. 그러니 갈수록 힘든 생활을 할 수밖에 없지요. 그동안 낸 이자만 해도 수천만 원이 되니 하소연만 늘어나게 되겠지요."

공 과장이 조심스럽게 물었다.

"저, 그런데요, 소장님! 몇 년 전 머니세미나에서 소장님이 재테크의 첫 번째 목적은 내 집을 갖는 것이라고 강조하셨거든요. 그래서 저도 내 집을 사는 것을 최우선의 목표로 세웠고요. 다들 그렇게 생각해서 하우스 푸어가 늘어난 게 아닐까요?"

부자로
가는
올바른 단계

"맞습니다. 강연이나 머니세미나 교육을 할 때는 내 집에 대한 중요성을 꼭 부각시키지요. 그래서 공현우 씨도 내 집 마련을 했을 거고요. 그런데 부자가 되기는커녕 집을 사면서부터 문제가 생겼습니다. 왜 그랬을까요? 그 원인을 한번 찾아보도록 하지요."

박 소장은 가방에서 하얀색 종이와 볼펜을 꺼냈다. 빈 종이에 선과 그림, 그리고 글자 몇 자를 써서 넣었다.

그리고 완성된 그림을 공 과장 부부에게 보여주며 설명을 했다.

"제 나름대로 부자가 되는 단계를 정해 본 것입니다. 부자는 하루아침에 만들어지지 않는다는 걸 잘 아실 겁니다. 물론 부모로부터 어마어마한 재산을 상속받는다든지, 복권에 당첨된다든지, 아

그림 2_ 부자가 되는 과정

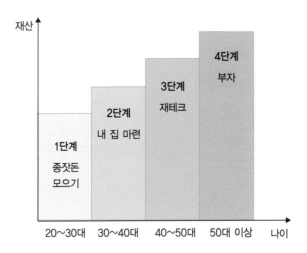

니면 사업이 잘되어 부자가 되는 경우를 제외하고는 말이지요. 아마 대부분은 이와 같은 단계를 거치면서 부자가 되지요."

공 과장 부부는 그림을 유심히 바라보았다. 그림에서 눈을 떼지 않은 채 공 과장이 말했다.

"20~30대부터 종잣돈을 모아 내 집 마련을 하고, 이후에 재테크를 통해 자산을 늘려가면서 부자의 단계로 올라선다는 그런 내용으로 보이는데요?"

박 소장이 웃으면서 대답했다.

"네, 맞습니다. 역시 머니세미나 출신답게 정확히 보시는군요, 후후."

"그럼 지금 이 상황이 부자로 가기 위해 어쩔 수 없이 거쳐야 하는 그런 과정이란 말씀인가요?"

박 소장이 커피 한 모금을 마신 후에 대답했다.

"아뇨. 공현우 씨가 겪고 있는 하우스 푸어 생활은 부자로 가기 위해 어쩔 수 없이 거쳐야 하는 과정이 아닙니다. 무리하게 내 집을 마련하는 바람에 다음 단계로 올라가기는커녕 과거 1단계로 내려갈 수도 있는 위험한 상황이 된 거죠."

공 과장이 심각한 표정을 지었다.

"좀 더 자세하게 설명해볼까요? 공현우 씨 가족은 지난 몇 년 동안 부자의 꿈을 안고 종잣돈을 모으기 위해 열심히 저축도 하고 생활비도 절약하며 알뜰하게 살았습니다. 이때까지는 좋았지요. 하지만 내 집을 마련하면서 문제가 시작된 겁니다. 바로 무리하게 집을 산 거죠. 종잣돈을 모아 집을 살 때 대출은 집값의 30% 이내로 받아야 해요. 그런데 공현우 씨는 집값 절반가량을 대출받았으니 지금과 같은 상황이 벌어진 겁니다. 다른 하우스 푸어들도 이와 마찬가지고요."

공 과장과 아내는 그저 박 소장을 바라보았다.

잠시 후 아내가 진지한 표정으로 물었다.

"그럼 저희는 집을 사면 안 되는 상황이었네요?"

"네, 그렇습니다. 당시 집을 살 수 있는 자금이 1억 5천만 원이라면 5천만 원 정도의 대출을 받아 2억 원 선에서 집을 샀으면 문제가 없었을 겁니다. 아니면 좀 더 종잣돈을 모은 후에 지금과 같은 집을 사든지 했어야 하는 거죠."

아내는 후회하는 듯한 표정으로 한숨을 내쉬었다.

박 소장은 계속해서 설명을 했다.

"내 집을 통해 자산을 늘리면서 부자의 단계로 넘어가는 전략은 올바른 선택이었으나 그 과정에서 무리한 결정으로 인해 발목을 잡힌 겁니다. 내 집 마련 이후에도 꾸준히 종잣돈을 모아 재테크를 하면서 3단계, 4단계로 넘어가야 하는데 하우스 푸어들은 대출원금과 이자에 치여서 2단계를 벗어나지 못하고 오히려 1단계로 추락하게 되는 것이죠."

내 집 마련은 재테크가 아닌가요?

조용히 듣고 있던 공 과장이 의아한 표정을 지으며 말했다.

"그런데 소장님, 제가 무리해서 집을 산 것도 집값이 오를 거라고 판단했기 때문이거든요. 마침 급매물이 나와서 시세보다 저렴하게 샀고요. 제 주변을 봐도 집을 몇 번 사고팔면서 시세차익으로 자산을 늘려가는 분들이 많이 계시거든요. 그분들 얘기로는 '언제 돈 모아서 집을 사냐, 가능한 최대한으로 대출받아서 집을 사고 그 다음에 차익을 남겨서 팔면 된다'고들 하세요. 저 역시 그 말에 동감하고요."

하우스 푸어　　　　　주거용으로 집을 산 사람

박 소장이 고개를 끄덕이며 대답했다.

"네, 우리나라 자산가들을 보면 대부분 부동산을 통해서 재산을 늘렸지요. 하지만 불과 몇 년 사이에 시대가 달라졌습니다. 5년 전만 해도 웬만한 지역의 아파트는 분양받기만 하면 최소 수천만 원의 프리미엄이 붙었고, 일 년에 한 번씩 집을 사고팔면 3년 안에 집이 두 채 생긴다는 말까지 나왔을 정도였습니다. 그만큼 부동산은 확실한 투자의 보증수표였죠. 하지만 지금은 어떻습니까? 요즘 집을 사고팔아서 돈 좀 벌었다는 분이 과연 몇 분이나 계실까요? 아마 집을 팔려고 내놔도 도무지 찾는 사람이 없다는 말만 들었을 겁니다. 그만큼 짧은 기간 동안 시대가 변한 것이죠. 방금 전 얘기했던 최대한 빚을 내서 집을 사라는 분이 지금도 그런 얘기를 하실까요?"

이 말에 공 과장은 아무 대답을 못했다.

"과거 부동산이 호황이던 시절을 생각하면 절대 안 됩니다. 이제는 부동산 문제를 현실적으로 받아들여야 해요."

이번에는 가만히 듣고만 있던 아내가 물었다.

"소장님, 부동산 문제를 현실적으로 받아들이라는 말씀은 무슨 뜻인가요?"

"먼저 내가 살기 위해 구입하는 집은 재테크를 목적으로 구매해서는 안 된다는 겁니다. 즉, 집이 한 채 있는 분들은 투자가 아닌 주거 목적으로 집을 소유해야 한다는 거예요."

공 과장이 이내 끼어들었다.

"저희는 주거와 투자, 둘 다를 목표로 삼았거든요."

박 소장은 그런 말을 할 줄 알았다는 표정을 지으며 대답했다.

"대부분 그렇게 생각합니다. 그래서 아무리 이자가 높아도 언젠가는 오를 거라며 기다리죠. 하지만 국내 주택시장의 흐름을 보면 2008년을 기점으로 집값은 점점 하향곡선을 그리고 있고, 주택에 대한 의식도 투자에서 주거 용도로 옮겨가고 있는 중입니다. 정부의 정책만 보더라도 2008년 이후부터 임대주택과 보금자리와 같은 서민의 주거 안정을 위한 정책을 펼치고 있습니다. 과거처럼 대규모 신도시를 개발한다든지 투자자들을 현혹할 수 있는 뉴타운이 들어선다든지 하는 정책은 이제 찾아보기 힘들 정도입니다. 행여 그런 개발을 한다고 하더라도 과거처럼 투기꾼이 몰릴 수가 없고요. 왜냐하면 투자수익에 대한 이익분담금을 철저하게 환수하기 때문이죠. 다시 말해 주택은 점점 투자로서의 가치를 잃고 있는 겁니다."

"그럼 부동산 투자는 이제 끝난 건가요?"

공 과장이 불만스러운 듯 질문을 계속했다.

"하하, 반드시 그렇지는 않습니다. 지금도 부동산을 통해서 투자수익을 꾸준히 올리는 분이 얼마든지 있습니다. 단, 과거처럼 일반인도 인기 지역에 집을 사면 꾸준히 올라주던 호시절을 기대하기가 어렵다는 거죠. 이제 부동산 투자는 전문가나 고액 자산가 위주의 투자처로 그 영역이 좁아졌다고 보시면 됩니다."

"그래도 뉴스를 보면 항상 강남 지역의 재개발 아파트 소식이 끊이지 않던데요, 그쪽은 전망이 아직도 좋은가 보죠?"

아내 은미가 질문했다.

"우리나라처럼 아파트 투자에 열광적인 민족도 없을 겁니다. 하물며 다 쓰러져가는 아파트가 위험해서 더는 살 수 없다는 진단을 받았는데도 축하한다는 현수막을 거는 유일한 민족입니다. 그동안 재건축을 통한 투자 수익에 재미를 보다 보니 이런 진풍경이 나오는 거죠.

하지만 이제는 이런 일도 보기 힘들 겁니다. 바로 방금 전에 말씀드린 개발 이익분담금으로 인해 투자성이 떨어지기 때문이죠. 이런 사실도 모르고 과거의 높았던 투자 수익 환상에 젖어 부동산 투자에 뛰어든다면 낭패를 볼 수밖에 없을 거에요. 아파트의 경우 특정 지역을 제외하고는 투자 수익을 기대하기가 어려울 겁니다."

이번에는 공 과장이 여전히 불만스러운 표정으로 물었다.

"그럼 투자 가치도 없는 내 집 마련이 왜 부자로 가는 단계에서 꼭 필요한 건가요?"

"그건 부자가 되기 위해서는 '안정적인 삶'이 전제되어야 하기 때문입니다. 삶의 안정성을 확보하기 위해 내 집은 반드시 있어야 하는 필수적인 요소인 거죠. 가끔은 '집값도 떨어지는데 왜 내 집에서 사느냐, 차라리 전세로 살면서 투자하는 게 훨씬 낫다'고 주장하는 분도 계세요. 하지만 이러한 발상은 가족이 있는 경우라면 매우 위험하죠. 왜냐하면 집이 없다는 열등감 때문에 조급하게 투자를 서두르게 되는 경우가 많거든요. 또 투자에 실패한다면 가족이 오랫동안 집 없이 셋집을 전전하는 불편한 생활을 초래할 수도 있고요.

하지만 내 집이 있다면 어떨까요? 행여 투자에 실패하거나 사업에 실패 혹은 실직을 한다 해도 내 집을 넘겨줘야 할 정도의 큰 파산이 아니라면 가족들은 내 집에서 안전하게 기존 생활을 영위할 수 있습니다. 본인도 집이라는 자산을 통해 다시 한 번 도전할 수 있고요. 때문에 내 집이 꼭 필요합니다. 부자들이 돈을 모으면 한결같이 내 집부터 마련하라고 강조하는 이유도 이 때문입니다."

아내 은미가 고개를 크게 끄덕였다. 하지만 공 과장은 지금 살고 있는 집을 투자가 아닌 주거용 자산으로 인정하라는 말을 쉽게 받아들일 수가 없었다. 어떡하든 투자 수익을 내서 현재의 대출을 모두 갚겠다는 소망을 버리고 싶지 않았기 때문이다.

공 과장이 질문을 했다.

"그래도 내 집 마련을 해서 집값이 오르면 좋잖아요. 대출을 어느 정도 갚을 수도 있고요. 그럼 자연적으로 하우스 푸어와 같은 힘든 생활에서 벗어날 수 있는 것 아닌가요?"

박 소장은 공 과장에게 단호하게 말했다.

"공현우 씨는 아직도 부동산 투자에 대한 환상이 많으시군요. 제가 그 환상을 지금부터 없애드리지요. 자, 공현우 씨가 바랐던 것처럼 집값이 올랐다고 칩시다. 그래서 집을 팔고 대출을 갚았습니다. 원하는 대로 이루어졌지요? 그럼 그 다음에는 어떻게 하실 겁니까? 주변에서 공현우 씨 집값만 올랐을까요? 내 집이 올랐으면 인근 지역의 웬만한 곳도 다 올랐습니다. 즉, 집값이 올라 집을 팔고 대출을 갚았더라도 다른 곳의 집을 사려면 그만큼의 대출을 또 받아야 한다는 거죠. 만약 집값이 오르지 않은 먼 지방으로 간다면 상황이 달라지겠지만, 자녀 학교나 직장을 생각한다면 그럴 수도 없으니 결국 주변 지역에 머물 수밖에 없지요. 결국 집 한 채 가지고 있는 사람은 집값이 오르든 내리든 상관없이 모두 똑같은 처지인 셈입니다. 그러니 내가 가지고 있는 한 채의 집에 대해서는 투자의 미련을 버리고 가족들을 위한 안정적인 터전이라는 생각으로 빨리 바꾸셔야 합니다."

그제야 공 과장이 고개를 조금 끄덕였다. 집값이 올라도 어차피 다른 지역도 오르니 계속해서 내 집에서 산다면 똑같은 처지가 된다는 사실이 이해되었다.

재테크는 내 집 마련 이후의 전략이다

공 과장 부부는 박 소장이 그려준 그림을 유심히 바라보며 여러 가지 생각을 떠올렸다. 지금 살고 있는 집에 대해 투자 목적을 포기하라니, 갑자기 힘이 빠졌다.

아내 은미는 옆에서 속삭였다.

"자기가 무리해서 집을 산다고 했을 때 어떻게든 말릴 걸."

박 소장은 카페 직원에게 냉수를 요청했다. 곧 크리스털 유리컵에 생수 세 잔을 내오자 모두 시원하게 들이켰다.

멀리 창밖의 골프 치는 사람들의 광경을 바라보던 공 과장이 무슨 생각이 들었는지 갑작스럽게 질문을 했다.

"그럼 소장님, 재테크는 왜 내 집 마련 이후에 해야 하나요? 요즘 젊은 사람들은 재테크에 관심도 많고 잘하는 걸로 알고 있거든요."

박 소장이 얘기를 시작했다.

"재테크를 잘하려면 그 의미를 정확히 이해하셔야 합니다. 재테크라는 것은 재財를 가지고 테크닉Technique을 부리는 전략입니다. 즉, 모아놓은 돈을 기술적으로 불리는 것을 말하지요. 하지만 대부분의 사람들은 돈을 모으는 단계부터 테크닉을 부리려고 재테크 운운하며 어떻게든 빨리 모으는 방법을 찾다가 고수익의 위험한 투자상품에 빠져들게 되고, 이후 원금조차 못 찾게 되는 거죠.

결론적으로 말씀드리면 돈을 모으는 단계부터 안정적으로 높은 수익률을 가져다주는 재테크란 아예 없습니다. 어쩌다 운이 좋아서 주식으로 수익을 많이 남겼다 해도 장기적으로 하다 보면 결국 잘해야 은행이자 정도의 수익에 불과하다는 걸 알게 된다는 거죠. 재테크 수단으로 가장 흔히 가입하는 적립식 펀드의 경우, 5년 이상 납입해야 수수료를 제외하고 평균 6% 정도의 수익을 기대할 수 있다는 점도 이를 대변합니다. 종잣돈을 모아야 하는 1단계부터 재테크를 통해 내 집을 마련하려는 분들은 높은 수익률만을 좇아 대박만을 꿈꾸다가 결국 아무것도 얻어내지 못할 가능성이 아주 높습니다. 그래서 1단계에서는 그저 우직하게 저축을 통해 종잣돈을 모으고 2단계에서는 종잣돈으로 내 집을 마련하고, 재테크는 그 이후에 안정성이 확보된 상태에서 재산을 늘리기 위한 수단으로 접근하셔야 합니다."

박 소장은 말을 마치고 생수를 시원하게 들이켰다.

그 말을 곰곰이 되새기던 공 과장은 생각에 잠겼다.

'결국 부자가 되기 위해서는 내 집 마련이라는 단계를 벗어나야 하는데, 그러려면 우선 과도한 대출부터 갚아야 한다는 얘기네.'

박 소장은 공 과장의 속생각이라도 읽었는지 바로 얘기를 꺼냈다.

"지금 공현우 씨 부부가 생각하는 그대로입니다. 지금의 문제를 해결하고 더 잘살고 싶다면 과도한 대출부터 갚는 수밖에는 없습니다. 그 이상의 요행이나 행운도 없지요. 그런 걸 바라다가 지금 저를 만난 것 아닙니까?"

공 과장은 가슴이 뜨끔했다. 아내도 고개를 끄덕이며 박 소장의 말에 동의했다.

하우스 푸어를 탈출하는 세 가지 방법

표정이 심각해진 공 과장 부부를 바라보면서 박 소장은 옆자리에 놓인 검은색 가죽가방을 열었다. 여기저기 닳고 낡은, 족히 10년은 됨직한 오래된 가방이었다. 박 소장은 묵직해 보이는 서류 파일을 꺼내더니 테이블에 올려놓았다.

아내 은미가 허름한 가방을 보고 놀라서 물었다.

"소장님, 왜 그렇게 오래된 가방을 가지고 다니세요? 소장님께는 세련된 가방이 더 어울릴 것 같은데요."

박 소장이 미소를 지었다.

"그런가요? 후후, 전 이 가방이 좋습니다. 낡을수록 옛스러운 멋도 있고요."

박 소장이 가방을 들어올리며 공 과장 부부에게 자랑하듯 보여 주었다.

"사실은 제 아내로부터 받은 첫 선물입니다. 제가 대학을 졸업하고 갓 취직했을 때, 서류뭉치를 노란 마닐라 봉투에 넣고 출퇴근하는 걸 보더니 이 가방을 선물했습니다. 그때는 제가 워낙 없이 살 때라 불쌍해 보였나 봅니다. 하하하."

공 과장은 '소장님도 그런 과거가 있었구나' 하는 생각이 들었다. 웃고 있는 박 소장이 더욱 친근하게 느껴졌다.

공 과장의 재정 상태를 진찰하다

박 소장은 묵직한 서류 파일에서 한 장의 종이를 꺼냈다. 그리고 계산기도 꺼내서 테이블 위에 올려놓았다.

"자, 지금부터 부채를 해결할 방법을 찾아 봅시다. 그러기 위해서는 공현우 씨 가정의 재정 상태가 어떤지 알아야겠지요. 앞에 놓인 양식에 천천히 적어 보세요."

박 소장이 공 과장에게 내민 종이에는 단순한 표가 여러 개 그려져 있었다. 한눈에도 현재의 자산과 부채를 파악하려는 양식임을 알 수 있었다.

공 과장과 아내는 양식을 보면서 숫자를 적어 넣기 시작했다. 가끔은 계산기도 두드리면서 정확하게 적으려고 애를 썼다. 금융자산은 적을 것도 없었다. 그동안 넣었던 연금보험과 펀드는 집을 사기 위해 모두 해약을 한 지 오래였고 그 이후로는 저축을 거의 해본 적이 없었다.

부동산자산은 현재 살고 있는 아파트의 시세를 적었다. 공 과장은 단번에 적었다. 집값이 떨어지자 시간이 날 때마다 부동산사이트에서 시세를 보는 일이 습관이 되어 있었던 것이다. 지금은 집을 샀을 때보다 집값이 2천만 원이나 떨어진 3억 정도에서 시세가 형성되고 있었다.

문제는 부채였다. 공 과장은 그동안 대출받은 곳이 여러 곳으로 정확한 금리를 전부 기억하지는 못했다. 부채를 적는 부분에서 머뭇거리자 박 소장은 매달 내는 이자를 먼저 적고 이에 따른 금리를 계산하라고 언질을 주었다.

공 과장은 아내가 부채내역을 적는 것을 보고 지난번에 아내가 구해 온 200만 원이 친언니에게서 빌린 돈이라는 걸 이제야 알게 되었다. 아내에게 미안한 마음이 든 공 과장은 잠시 고개를 들어 아내를 바라보았다. 아내는 살짝 미소를 지었다.

월수입은 공 과장의 급여를 적었고, 월평균지출 부분은 아내가 그동안 쓴 가계부를 떠올리며 차근차근 적어나갔다. 박 소장에게 머니세미나를 들은 후부터 가계부는 습관처럼 매달 쓰고 있었다. 어느 정도 완성이 되자 박 소장이 말했다.

표 1 _ 공현우 · 손은미 자산관리대장

금융자산

자산내역	금액	증감
합계	원	

월평균수입

공현우	실수령액 350만 원
합계	실수령액 350만 원

부동산자산

자산내역	금액	증감
27평 아파트	3억 원	−2천만 원
	원	
합계	3억 원	−2천만 원

월평균지출

항목	금액
아파트관리비	18만 원
대출이자	80만 원
자동차할부금	75만 원
연주 어린이집	35만 원
연주 학습지	5만 원
생활비	130만 원
보험료	30만 원
경조사 외 기타	10만 원
합계	383만 원
수입-지출	−33만 원

부채내역

내역	금액	금리	이자
주택담보대출	1억 5천만 원	5%	62만 5천 원
마이너스대출	1천만 원	11%	9만 1천600원
카드론대출	500만 원	21%	8만 7천500원
빌린 돈 (처형)	200만 원		
합계	1억 6천7백만 원		80만4천100원

순자산

자산	3억 원
부채	1억 6천700만 원
순자산	1억 3천300만 원
전월대비증감	

"표의 제일 상단에는 공현우 씨와 아내의 이름을 적으시길 바랍니다."

공 과장은 이름을 적은 후에 작성한 종이를 박 소장에게 건네주었다.

박 소장은 도표의 내용을 유심히 살펴보았다. 공 과장 부부는 과연 어떤 얘기가 나올지 궁금하면서도 걱정이 많이 되었다.

잠시 후 박 소장이 말문을 열었다.

"전형적인 하우스 푸어의 모습이군요. 소득의 30%가량을 대출이자로 갚고 있고, 원금은 상환조차 못하고 있습니다. 더군다나 매달 33만 원씩 적자생활을 하고 있으니, 이런 상황으로는 고민하던 자녀 교육비나 노후준비는 엄두도 못 내겠군요."

공 과장 부부는 짧은 한숨을 동시에 내쉬었다.

공 과장은 자신의 자산 상태를 보고 큰 충격을 받았다. 집을 사기전에는 1억 5천만 원이라는 종잣돈과 연금보험, 펀드를 합치면 2천만 원가량의 금융자산이 있었다. 하지만 지금은 순자산이 그보다 적은 1억 3천만 원 정도로 줄어 있었다. 더군다나 금융자산이 텅 비어 있는 모습이 부끄럽기까지 했다. 지금까지 내 집에서 살면서 자산이 줄었을 거라는 생각은 못했다. 앞으로 아파트 가격이 떨어진다면 문제는 더욱 심각해질 터였다. 저축은 못하고 있는데 자산은 줄어드는 그런 위험한 놀이를 하고 있다는 기분이 들었다.

박 소장이 단호한 표정으로 말을 이었다.

"공현우 씨가 지금의 상황을 벗어날 수 있는 방법은 둘 중 하나입니다. 당연한 이야기겠지만 대출을 빨리 갚든지 아니면 집을 처분해서 다시 1단계부터 시작하는 겁니다."

공 과장의 가슴이 철렁 내려앉았다. 아내도 예상은 했었지만 사뭇 놀라는 눈치였다.

박 소장이 계속 말을 이었다.

"지금 어떤 기분일지 잘 압니다. 힘들게 돈 모아서 집을 샀는데 갑자기 팔라고 하니 앞이 캄캄해지겠지요. 막상 집을 팔고 대출을 갚고 나면 남은 돈으로 이렇다 할 전세를 얻기도 벅찰 테고 말입니다. 요즘 전셋값을 생각하면 더욱 그렇죠. 그렇다고 대출을 갚으려니 버는 건 뻔한데 어떻게 갚아야 할지 막막하실 겁니다."

박 소장은 마치 공 과장의 머릿속에 들어갔다 나온 사람처럼 말했다. 공 과장은 속으로 뜨끔했다. 박 소장이 다시 말을 이었다.

"지금 이 시점에서 단호한 결정을 내려야 합니다. 지금의 적자생활을 바꿔놓지 않는다면 공현우 씨 가정의 미래는 걱정하는 대로 될 겁니다. 평생을 돈에 쪼들리며 살게 되는 거죠."

공 과장은 머리카락이 쭈뼛 서는 것처럼 서늘한 기분이 들었다. 나이 들어서도 돈 때문에 허덕거리며 살 거라 생각하니 기가 막힐 지경이었다. 그건 아내와 딸을 위해서도 있을 수 없는 일이었다.

공 과장이 조용히 말했다.

"생각만 해도 끔찍하네요. 저는 늘 부자처럼 사는 걸 꿈꿔왔는데

평생 동안 빚에 쪼들려 산다니……."

박 소장은 차갑게 대꾸했다.

"조금 있으면 공현우 씨는 40대입니다. 그래서 앞으로 20년 안에 모든 대출을 갚고 자산을 늘리지 못한다면 그렇게 살 수밖에 없습니다. 나중에 어떻게 되겠지라는 망상은 공현우 씨를 길거리로 내몰 것입니다. 은퇴를 하고 소득이 끊겼는데 무슨 수가 생기겠습니까?"

"……."

공 과장은 할 말이 없었다. 잠시 침묵을 지키다가 아내 은미가 체념하듯 물었다.

"그럼 소장님, 저희는 대체 어떻게 해야 하나요? 누구나 그렇겠지만 늙어서까지 빚에 허덕이기는 싫거든요. 그렇다고 당장 소득을 올려서 대출을 갚을 수도 없고요. 제가 일을 하려고 몇 군데 알아보긴 했지만 연주가 아직 어려서인지 파트 타임으로 일할 곳도 없더라고요. 요즘에는 하루하루 힘들게 일하시는 저희 부모님과 어린 연주를 보면 잠이 쉽게 오지 않아요."

박 소장이 단호하게 대답했다.

"그럴 겁니다. 자, 지금부터 하우스 푸어에서 탈출하는 세 가지 방법에 관해 자세히 설명하겠습니다. 어느 것이든 정답은 없습니다. 설명을 듣고 가장 적합한 방법을 두 분이서 결정하시면 됩니다. 단, 그밖의 방법은 없다고 생각하시는 게 좋습니다."

대출을
완전정복
하라

분위기가 점점 고조되었다. 박 소장은 엄한 표정으로 말하기 시작했다.

"무리한 내 집 마련으로 인해 심각해진 공현우 씨의 가계 대출 문제를 더는 두고 볼 수 없습니다. 이번 기회에 해결책을 찾고 실천하지 않는다면 더 큰 문제가 대두될 것이고, 그때는 이미 손을 쓸 수 없게 될 겁니다."

공 과장은 자산 목록을 적고 나서 이마에 송골송골 맺히는 땀방울을 훔쳐냈다. 햇살도 점점 강하게 내리쬐었다. 공 과장이 냅킨으로 이마의 땀을 연신 닦아내자 이를 본 카페 여직원이 에어컨을 켜서 실내를 시원하게 했다.

아내 은미는 마음이 답답한지 한참 동안 창밖을 바라보았다. 공 과장도 창밖을 보았다. 하늘을 바라보니 구름 한 점 없이 푸르렀다. 초록색 잔디를 누비며 여전히 느긋하게 골프를 치는 사람들은 마치 별세계에 사는 것처럼 느껴졌다.

공 과장이 혼자 중얼거렸다.

"나는 언제 저렇게 골프도 치고 웃으면서 살 수 있을까?"

잠시 후 공 과장이 얘기를 시작했다.

"지금의 생활을 벗어나려면 대출을 갚던지 아니면 집을 팔라고 하셨는데요, 먼저 대출을 갚으려면 소득을 올리던가 아니면 생활비를 더 줄여야 하잖아요. 그런데 저희는 솔직히 자신이 없습니다."

먼저 대출상환계획을 세워라

박 소장은 테이블 위에 놓인 자산관리대장을 집어들어 유심히 바라보았다. 그런 다음 낡은 가방에서 꺼낸 두툼한 서류 뭉치에서 다른 양식을 테이블 위에 올려놓았다. 서류 위에는 〈대출상환계획표〉라고 적혀 있었다.

박 소장은 공 과장에게 〈대출상환계획표〉를 건네주며 말했다.

"대출 때문에 힘든 지금의 생활을 벗어나기 위한 첫 번째 방법으로 대출상환계획을 세울 겁니다. 대출이란 빨리 갚는 게 가장 좋은 방법이겠지만 공현우 씨 가정처럼 버는 건 일정한데 빠듯한 살림을 꾸려야 하는 집이라면 체계적으로 대출상환계획을 세워야 합니다."

공 과장은 볼펜을 손에 쥐었다. 아내 은미도 고개를 가까이 하고 들여다보았다.

박 소장이 자산관리대장을 보면서 얘기를 시작했다.

"지금부터 대출을 갚을 순서를 정할 겁니다. 가장 먼저 갚아야 할 대출은 주택담보대출입니다. 대출 규모가 워낙 크기 때문에 시간을 늦추면 그만큼 갚아야 할 금액이 늘어나게 되니까요. 그러니 하루빨리 시작해야겠지요."

공 과장은 〈대출상환계획표〉 첫 번째 칸에 주택담보대출 내용을 적었다. 한편 박 소장은 가방에서 소형 노트북을 꺼냈다. 노트북을 켠 다음 어느 시중은행의 홈페이지에 접속했다. 그리고 노트북 화면을 공 과장 부부에게 보여주면서 금융계산기라는 메뉴를 클릭하자 대출상환금액을 계산하는 '대출계산기' 프로그램이 나타났다.

"시중은행의 금융계산기를 활용하면 편리합니다. 원금과 금리, 그리고 상환기간을 기입하면 대출금 상환금액과 일정을 저절로 계산해줍니다."

박 소장은 대출계산기에 원금 1억 5천만 원, 금리 5%, 그리고 상환기간을 적는 난을 보고 잠시 생각하더니 20년이라고 적은 다음 화면을 보여주었다.

공 과장이 질문을 했다.

"소장님, 왜 상환기간을 20년으로 하신 건가요? 늘릴 수만 있다면 최대한으로 늘리고 싶은데요."

박 소장이 공 과장을 바라보며 엄한 표정으로 대답했다.

"최대한 늘린다고 무작정 좋은 건 아닙니다. 당장이야 매달 갚는 원금이 적어서 부담은 덜 하겠지만 나이가 들어 소득도 끊겼다면 남은 대출을 어떻게 감당할 겁니까? 은퇴하는 시점까지 모든 대출을 갚아야 노후에 걱정 없이 생활할 수 있습니다. 한창 돈 버는 지금도 대출을 못 갚으면서 나중에 갚겠다는 생각은 아예 접으시기 바랍니다."

박 소장의 말에 공 과장은 멋쩍은 표정을 지었다.

박 소장이 계속해서 설명을 했다.

"공현우 씨 나이가 마흔에 가까우니 앞으로 20년 정도 후면 은퇴할 거라 예상해서 상환기간은 최대 20년으로 정했습니다. 지금까지는 원금은 그대로 둔 채 이자만 납부하는 원금일시상환을 신청했습니다. 이런 식으로 20년을 이어간다면 이자만 무려 1억 5천만 원을 내는군요. 원금은 그대로 남아 있는데 말입니다."

순간 공 과장과 아내가 깜짝 놀라는 표정을 지었다.

아내가 말했다.

"어떻게 이자를 원금만큼 내죠? 말도 안 되네요!"

"국내의 주택담보대출을 받은 사람 10명 중 8명이 이런 원금일시상환을 선택했습니다. 원금까지 상환하기에는 무리라 생각이 드니 일단 이자부터 내다가 나중에 어떻게 해보겠다는 생각을 갖고 있지만 시간이 흘러 뒤돌아보면 그동안 낸 엄청난 이자에 놀랄 수밖에 없습니다. 결국 열심히 일해서 은행만 좋은 일 시킨 셈입니다."

공 과장은 잠시 그동안 낸 이자 비용을 계산해 보았다. 매달 65만 원 가량을 2년이 넘도록 냈으니 어림잡아도 1천500만 원이 넘었다. '그 돈이면……' 후회가 밀려들었다.

"원금상환 방식에는 원금일시상환 외에 원금균등상환과 원리금 균등상환이 있습니다."

원금균등상환과 원리금균등상환의 차이점

박 소장은 대출계산기에서 원리금균등상환을 선택해서 보여주었다. 공 과장이 질문을 했다.

"소장님, 방금 전에 말씀하신 원금일시상환은 이자만 내다가 만기 때 원금을 갚는 방법이란 건 알겠는데요, 원금균등상환과 원리금균등상환은 어떤 차이가 있는지 모르겠네요. 얼핏 보면 같은 말 같기도 하고요."

아내도 궁금하다는 표정을 지으며 박 소장을 바라보았다.

박 소장이 천천히 설명을 했다.

"많은 사람들이 대출을 받을 때 이 부분을 선택하는 데 제일 헷갈려 하십니다. 비슷한 듯하면서도 약간 차이가 있습니다. 지금 공현우 씨처럼 대출상환계획을 세울 때는 이들의 차이점을 정확히 알아야 좀 더 유리한 쪽을 선택할 수 있습니다.

먼저 원금균등상환은 내가 받은 대출원금을 대출기간으로 나누어 매달 일정하게 원금을 갚는 것입니다. 즉, 공현우 씨의 경우 대출금 1억 5천만 원을 20년으로 나누면 매달 62만 5,000원의 원금과 이에 따른 이자를 내는 방식이 원금균등상환입니다. 시간이 갈수록 원금이 줄어들기에 이자도 함께 줄어들겠지요? 그래서 초기에는 비교적 상환금이 높지만 나중에는 점점 상환금이 작아집니다."

공 과장이 고개를 끄덕였다.

　"그리고 원리금균등상환이라는 것은 원금과 이자를 매달 균등하게 내게끔 만들어놓은 것입니다. 초기에 원금은 적게, 이자는 높게 내다가 시간이 갈수록 원금이 많이 빠지고 이자는 적게 책정되어 매달 일정한 상환금액을 정하게 되는 것입니다."

　공 과장이 고개를 갸우뚱하며 질문했다.

　"대강 무슨 얘기인 줄은 알겠는데요, 어떤 방식이 더 유리한가요?"

"각각 장단점이 있습니다. 원금균등상환은 이자 비용이 가장 적게 발생합니다. 공현우 씨의 경우, 같은 금리라도 원리금균등상환보다 20년간 1천200만 원 정도의 이자를 적게 냅니다. 하지만 첫달에 가장 큰 금액을 상환해야 하니 부담이 될 수 있겠지요. 그리고 원리금균등상환의 이자 비용은 원금균등상환에 비해서 더 높으나 매달 일정한 금액을 낸다는 점에서 자금 계획을 세우기가 쉽습니다. 공현우 씨의 경우라면 원금균등상환을 선택하면 첫달부터 125만 원을 내야 하니 부담스러울 겁니다. 그래서 98만 원 정도의 원리금균등상환을 선택하는 게 더 낫다는 생각이 듭니다."

공 과장이 아내를 흘끔 바라보았다. 최소한 98만 원은 갚아야 된다는 박 소장의 말에 아내의 눈치를 살필 수밖에 없었다. 아내는 덤덤한 표정을 지었다.

박 소장은 노트북 화면의 대출계산기를 보여주며 대출상환계획표를 작성하라고 했다. 공 과장은 볼펜을 들고 조심스럽게 적었다.

우선순위대로 갚아나가라

박 소장이 말을 이었다.

"이제 대출을 갚을 순서를 정할 겁니다. 당연히 높은 금리의 대출부터 갚아야겠지만 공현우 씨는 이보다 더 우선해서 갚아야 할

게 있습니다."

공 과장이 궁금한 듯 박 소장을 바라보았다.

"바로 얼마 전 처형에게 빌린 200만 원입니다. 흔히 가족이나 친구에게 빌린 돈을 가장 늦게 갚으려는 성향이 강합니다. 별도의 이자를 안 내도 되고 은행처럼 갚으라며 독촉하는 일도 덜하기 때문에 가볍게 생각할 수 있습니다. 하지만 내가 급해서 빌린 돈을 늦게 갚았다면 더 이상 그 사람과는 금전 거래나 비즈니스를 못할 수도 있습니다. 신뢰를 무너뜨린 것이지요. 내 돈이 소중하듯 남의 돈도 소중하다는 걸 반드시 명심해야 합니다. 공현우 씨가 주택담보대출과 함께 다음달에 갚아야 할 첫 번째 대출은 바로 처형에게 빌린 200만 원입니다."

공 과장의 가슴이 뜨끔했다. 사실 처형에게 빌렸다는 얘기를 듣고 내심 천천히 갚아도 되겠구나 하고 생각했기 때문이다. 박 소장

표 2_ 공현우 · 손은미 대출상환계획표

우선순위	내역	금액	금리	이자	상환 금액	기간
0	주택담보대출	1억 5천만 원	5%	62만 5천 원	98만 9천 원	20년
1	빌린 돈(처형)	200만 원	무이자			
2	카드론 대출	500만 원	21%	8만 7천500원		
3	마이너스 대출	1천만 원	11%	9만 1천600원		
	계	1억 6천700만 원		80만 4천100원		

(단위: 원)

의 얘기를 듣고 보니 빨리 갚아야 앞으로도 좋은 관계를 유지할 거라는 생각이 들었다. 공 과장은 주택담보대출 아래 칸에 처형에게 빌린 돈의 내역을 옮겨 적었다.

그런 다음 박 소장의 말대로 대출금리가 높은 순으로 적었다. 이윽고 공 과장의 대출상환계획표가 완성되었다.

주택담보대출은 원리금균등상환으로 20년간 갚기로 결정했다. 매달 98만 9천 원씩 갚아야 했다. 하지만 나머지 대출은 매달 얼마씩 갚을 것인지 아직 결론을 내지 못했다.

돈 먹는 하마,
자동차

공 과장과 아내 은미는 대출상환계획표를 바라보면서 1년도 안 되는 기간 동안 대출이 급격하게 늘어났음에 자책했다. 연주가 작년부터 어린이집에 다니면서 생활비는 늘어났고, 매달 카드 값과 대출이자, 그리고 자동차할부금을 내기 위해 신용카드나 은행에서 대출을 받아 해결했다. 당장 다음달부터 주택담보대출 상환을 위해 100만 원가량을 내야 한다니 나머지 대출금을 갚기 위한 자금을 얼마나 찾아낼 수 있을지 걱정스러웠다.

공 과장이 조심스럽게 물었다.

"소장님, 저희는 수입이 그리 많지가 않거든요. 아내가 일자리를 알아보고는 있지만 언제 취직이 될지 보장할 수 없고요. 만일 대출금을 무리하게 갚다가는 생활 자체가 어려워질지도 모르겠다는 생각이 드네요."

박 소장은 걱정 말라는 투로 대답했다.

"일단 매달 얼마의 대출금을 갚을 수 있는지, 그 자금을 최대한 찾아내면서 고민을 해봅시다."

또 자동차를 팔라고?

박 소장은 처음에 작성했던 자산관리대장의 수입과 지출 부분을 바라보며 물었다.

"수입을 당장 올리긴 힘드니, 일단 지출 부분을 조정해보도록 하지요. 공현우 씨, 자동차할부금을 낸 지는 얼마나 되셨죠?"

"한 2년쯤 됐습니다. 이제 1년 정도 남았고요."

"그럼 차부터 팝시다."

"네? 차를 팔라고요?"

박 소장의 갑작스런 말에 공 과장은 소스라치게 놀랐다. 순간 심장이 멎는 것 같았다. 몇 년 전 박 소장의 머니세미나를 수강하고 종잣돈을 모으기로 결심한 후 차를 팔고 무려 5년이나 뚜벅이 생활을 했던 공 과장이었다. 그런데 또 차를 팔라니 해도 너무한다는 생각이 들었다.

하지만 박 소장은 공 과장의 안색이 변하든 말든 눈 하나 깜짝하지 않고 말을 이었다.

"차를 팔고 소형 중고차로 바꾸세요. 마이너스 대출과 카드론 대출을 모두 갚고, 대출상환 비용이 수입의 20% 이내로 떨어질 때까지 불편하더라도 중고차를 타세요. 대출에 얽매이면서 그런 좋은 차를 타고 호사를 누리는 게 잘못됐다는 건 초등학생도 알 겁니다. 아예 차를 없애면 좋겠지만 어린 자녀가 있으니 제일 작은 소형차를 알아보세요."

"아니, 그래도…… 갑자기 차를 팔라고 하시면……."

박 소장은 꿈쩍도 하지 않은 채 몰아치듯이 말했다.

"2년간 할부금을 넣었으니 처분하고 남은 돈으로 쓸 만한 자동차를 살 수 있을 겁니다. 만일 돈이 남는다면 우선순위 순서대로 빚을 갚으면 되겠네요."

"……."

공 과장은 아무 대답도 못했다. 아무리 생각해도 자신의 분신이라고도 할 수 있는 차를 팔고 초라한 소형 중고차를 타는 모습은 상상할 수도 없었다. 당장 출근하면 직장 동료들이 이상한 눈빛으로 볼 것이고, 아파트 이웃들도 수군거릴 게 뻔했다. 여기까지 생각이 미치자 공 과장은 항변했다.

"소장님, 아무리 그래도 자동차를 판다는 건 무리일 것 같습니다. 저희 집 생활수준도 있고, 차라리 다른 걸 줄이더라도 자동차는 꼭 가지고 있고 싶습니다. 1년만 버티면 완전히 내 차가 되는데, 꼭 이 시점에서 팔아야 할까요? 중고차 값도 제대로 못 받으면 오히려 손해만 볼 거고요. 전 지금의 차를 10년 동안 탈 생각이었습니다. 그 정도 타면 충분히 본전 이상을 뽑는 거 아닌가요?"

아내 은미는 박 소장과 남편의 얼굴을 번갈아보며 흥미로운 표정을 지었다. 공 과장은 얼굴이 붉어진 반면, 박 소장은 얼음 같이 차가운 표정이었다.

박 소장이 계산기와 새로운 메모지를 꺼내 테이블에 놓으며 바짝 당겨 앉았다.

자동차의 기쁨이 가져다주는 가정경제의 그늘

"공현우 씨, 현재 몰고 있는 자동차가 집안 경제를 얼마나 뒤흔들고 있는지 간단하게 계산을 해봅시다. 만일 계산된 결과를 보고도 생각에 변함이 없다면 차를 팔지 말고 그대로 유지하셔도 좋습니다. 자, 자동차를 타면서 들어가는 비용에 대해서 알고 있는 것 전부를 얘기해보세요."

박 소장은 단호하게 얘기하며 계산기를 두드렸다.

공 과장이 타고 있는 차량은 2,000cc의 중형차로 가격은 2천500만 원이었다. 공 과장과 아내가 이내 대답을 하기 시작했다.

"할부금, 이자, 기름값, 보험료, 수리비, 세금, 통행료, 주차비, 또 법규를 위반해서 부과된 과태료 정도가 되겠네요."

"좋습니다. 그럼 한 달에 얼마나 운행을 하지요?"

"거의 출퇴근에만 이용하기 때문에 한 달에 1,000km 정도 탑니다."

박 소장은 공 대리의 말을 메모지에 재빨리 적었다.

"보통 한 달에 평균적으로 1,800km를 달리는데 비해서는 절반 정도군요. 그럼 휘발유 가격을 리터당 2천 원씩 잡고 차의 연비를 12km/l의 기준으로 계산해봅시다."

박 소장은 열심히 계산기를 두드렸다.

"일단 차를 살 때 500만 원을 계약금으로 내고 나머지를 6%의 할부로 구입했다면 이자를 포함해서 총 지불해야 하는 차량의 가격은 2천620만 원 정도 됩니다. 그리고 차를 살 때 내는 취득세가 약 160만 원, 자동차보험료가 사람마다 차이는 있지만 적어도 100만 원 정도는 들어가지요. 자동차세를 매년 32만 원 가량 내야 하고, 연료비는 출퇴근용으로 매달 1,000km를 탄다고 치면 연간 200만 원 정도가 들겠네요. 그리고 엔진오일 교환 등과 같은 소모품 교환 비용과 수리비도 드는데, 일 년에 50만 원 정도 든다고 칩시다. 여기에 주차비와 통행료 등으로 매월 5만 원씩을 낸다고 가정하겠습니다."

박 소장은 계산된 결과를 메모지에 적어서 보여주었다.

2천500만 원짜리 중형 자동차를 10년 동안 탈 경우

1. 차량가격: 2천620만 원(2천만 원 할부에 대한 이자 포함)

2. 취득세: 160만 원

3. 보험료: 매년 100만 원 x 10년 = 1천만 원

4. 자동차세: 매년 약 32만 원 x 10년 = 320만 원

5. 기름값: 매년 200만 원 x 10년 = 2천만 원(연 12,000km 주행, 휘발유 리터당 2천 원, 연비 12km/l)

6. 소모품비 및 수리비: 매년 50만 원 x 10년 = 500만 원

7. 주차료 및 통행료: 매년 60만 원 x 10년 = 600만 원

합 계: 7천200만 원

이 돈을 매달 적금을 할 경우

1. 매달 60만 원씩 10년 납부: 원금 7천200만 원

2. 6% 수익 발생 시: 9천882만 원(복리, 비과세), 9천43만 원(단리, 일반 과세)

3. 4% 수익 발생 시: 8천864만 원(복리, 비과세), 8천418만 원(단리, 일반 과세)

"공현우 씨가 이 자동차를 앞으로 10년 동안 탈 경우 들어가는 돈입니다."

박 소장은 아랫부분에 이 돈을 저축했을 경우 얻게 되는 금액까지 계산해서 적었다. 10년 저축한 펀드의 경우 최저치라 할 수 있는 6%의 수익률로 계산했고, 은행의 경우 시중금리 정도인 4% 이자를 기준으로 계산해 보여주었다.

박 소장이 건네준 메모를 보고 공 과장 부부는 입을 다물 수가 없었다. 박 소장이 한마디했다.

"자동차에 들어가는 실제 비용은 7천200만 원입니다. 이 돈을 저축했을 경우에는 자동차로 인해서 발생되는 기회비용이 1억에 가깝습니다. 즉, 1억 가까운 돈을 낭비하고 있는 셈이지요. 만일 기름값이 계속 오른다든가, 노후로 인해서 수리비가 많이 나온다던가, 보험처리가 안 되는 사고라도 생긴다면 금액은 눈덩이처럼 불어날 것입니다. 물론 자동차가 주는 편리함과 만족감을 무시할 순 없지만 지금 공현우 씨처럼 빚에 허덕이고 있는 경우라면 그런 만족감보다는 가정경제의 안정이 더 중요하지 않을까요?"

'맙소사, 내 차가 1억 가까운 돈을 먹고 있다니!'

공 과장은 믿을 수 없다는 표정을 지었다. 아내 은미도 놀라긴 마찬가지였다. 자존심을 세우며 폼을 내기에는 너무 많은 비용을 지불하고 있었다.

공 과장이 한동안 말이 없자 박 소장이 미소를 지으면서 말했다.

-7천만 원

+9천만 원

"어떻습니까? 이래도 현재의 차를 계속해서 끌고 다니실 겁니까? 만약 2년 전에 차를 사지 않고 대출금을 갚았다면 저를 찾아오지도 않았을 겁니다. 자동차가 '돈 먹는 하마'라는 말은 돈을 모으는 사람들이 깊이 새겨야 할 진리 중의 진리입니다."

옆에서 듣고 있던 아내가 툭 치며 불만스러운 소리를 했다.

"그러게 내가 뭐라고 했어? 처음부터 소형차 사자고 그랬잖아!"

공 과장은 얼굴이 빨개지며 아무 대답을 못했다.

박 소장이 부부를 보며 웃음을 지었다.

"더 늦기 전에 지금이라도 바꿔야 합니다. 소형차로 바꾼다면 유지 비용을 적어도 30%가량 줄일 수가 있습니다. 경차라면 더 좋고요. 대출에서 어느 정도 해방될 때까지만 참으시면 됩니다."

공 과장이 메모지를 보면서 허탈한 표정을 지으며 고개를 끄덕였다.

박 소장은 자산관리대장의 지출 부분에서 자동차할부금 75만 원이라고 적힌 곳에 ×표시를 했다. 그리고는 앞으로 대출금을 갚을 75만 원을 확보했다며 〈대출상환계획표〉 상단에 75만 원이라고 큰 글씨로 적었다.

이번에는 생활비에 대해서 아내 은미를 바라보며 얘기했다.

"초등학교 4학년 이하의 자녀를 둔 세 명 가족의 적정 생활비는 수입 대비 50%입니다. 공현우 씨 가족은 생활비를 130만 원이라고 적어 주셨는데, 생활비라는 것은 저축을 뺀 모든 것을 포함한 비용입니다. 즉, 아파트관리비와 자녀교육비, 보장성 보험료, 이자 비용까지 모두 포함시켜야 합니다. 생활비를 다시 계산해 보세요."

아내 은미는 계산기를 다시 두드렸다.

박 소장의 말대로 모든 것들을 포함시키니 무려 300만 원이 나왔다. 자동차할부에 따른 이자를 포함시키면 그보다 더 늘어났다. 과거 돈을 모으지 못해 버둥거렸던 신혼부부 시절로 되돌아간 기분이었다. 박 소장 말대로라면 소득 대비 80% 이상을 생활비로 쓰고 있는 셈이었다.

아내 은미가 다시 작성한 생활비 합계를 본 공 과장은 표정을 일

그러뜨렸다.

'이래서 돈도 못 모으고 대출도 못 갚고 있는 거구나. 별로 쓰는 게 없는 줄 알았는데.'

박 소장은 말을 이었다.

"생활비에서 아파트관리비, 이자 비용, 보험료는 고정 비용이기 때문에 그대로 두고, 그밖에 먹고 입고 누리면서 지출되는 변동 생활비를 조절해야 합니다. 우선 매달 130만 원씩 쓰고 있는 변동 생활비와 경조사 외 기타 비용을 합쳐서 100만 원으로 줄이세요. 소형차로 바꾸게 되면 기름값과 유지비용이 줄어들기 때문에 조금만 신경 쓰면 충분히 줄일 수 있습니다."

가만히 듣고 있던 아내 은미가 마침내 할 수 있다는 자신감을 내보이며 대답했다.

"네! 해볼게요."

소득을
올려라

공 과장은 자동차를 바꿔야 한다는 사실에 기운이 빠진 듯했
다. 마치 오래된 친구를 잃어버린 것처럼 넋을 놓고 창밖을 바라
보았다.

커피잔이 비자 박 소장은 카운터의 여직원을 부르더니 시원한 오
렌지 주스 세 잔을 주문했다.

잠시 뒤 여직원은 큰 유리컵에 얼음을 채운 오렌지 주스를 가지
고 왔다. 공 과장은 마시고 싶은 생각이 없는지 아니면 못 본 건지
그저 창밖만 바라볼 뿐이었다. 박 소장과 아내 은미가 먼저 한 모
금을 시원하게 마셨다.

"무슨 생각을 그리 하십니까?"

박 소장이 웃으면서 말을 걸자 공 과장이 놀라면서 고개를 돌렸다. 테이블 위에 놓인 오렌지 주스를 보더니 갈증이 나는 듯 이내 들고서 벌컥벌컥 들이켰다.

오렌지 주스를 단번에 들이키는 공 과장을 바라보며, 박 소장이 재밌다는 표정을 지으며 웃었다. 아내 은미는 정신 좀 차리라는 말과 함께 옆구리를 툭 쳤다.

소득을 얼마나 올릴 수 있는가?

주스 잔을 내려놓고 입가를 닦은 공 과장은 그제야 정신이 들었다. 속마음을 꾹꾹 억누르긴 했지만 여전히 마음속은 자동차를 팔아야 한다는 사실이 못내 아쉬웠다. '대출을 빨리 갚고 다시 좋은 중형차를 사야겠다'는 생각이 머릿속에서 떠나지를 않았다.

"소장님, 대출을 좀 더 빨리 갚을 수 있는 방법이 없을까요?"

공 과장의 질문에 박 소장은 기다렸다는 듯이 대답했다.

"물론 있지요. 소득을 올리고 생활비를 더 줄이면 됩니다. 특히 소득이 많을수록 대출 갚는 속도는 더 빨라지겠지요."

박 소장이 당연하다는 듯 대답했다. 뭔가 특별한 대답을 원했던 공 과장으로서는 실망스러운 대답이었다.

"한 가지 묻겠습니다. 공현우 씨는 지금보다 소득을 더 올리기 위해서 별도로 준비하는 것이 있습니까?"

"네?"

공 과장이 놀라서 되물었다.

"예를 들면 자기계발을 하면서 새로운 일을 준비한다거나 자격증을 따기 위해 공부한다거나 하는 그런 노력 말입니다."

공 과장이 대답을 못하고 주저하자 이번에는 아내 은미를 바라보며 질문했다.

"그럼 손은미 씨도 앞으로 직업을 갖고 소득을 올릴 거라고 하셨는데, 무작정 이력서를 내는 것 외에 별도로 준비하는 것이 있으신가요?"

"……아니요."

아내 은미는 얼굴을 붉히며 제대로 대답하지 못했다.

"대출을 빨리 갚는 방법을 알려 달라고 했지요? 앞서 말한 대로 수입을 늘리는 방법뿐입니다. 그 방법을 두 분이 몰랐을 리가 없었을 텐데, 노력은 하지 않은 채 그저 회사에서 월급을 올려주기만을 바라고만 있습니다. 집값이 오르면 모든 것이 해결될 텐데 그것조차 어렵게 됐으니 앞으로는 두 분이 힘을 길러서 대출을 빨리 갚아나가는 것 외에는 다른 방법이 없습니다."

곰곰이 생각하던 공 과장이 이내 질문을 했다.

"소장님, 신문기사를 읽어보면 무작정 대출금을 갚는 것보다는 일단 종잣돈을 모아놓고 투자를 하면서 올린 수익금으로 대출을 갚는 게 훨씬 더 빠르다고 하던데요, 저희도 차라리 종잣돈을 다시 모으는 게 낫지 않을까요?"

박 소장이 대답했다.

"한창 재테크 전성기 시절에는 가능했을 겁니다. 주식이 오르기만 한다든지, 부동산도 사기만 하면 오른다는 전제가 있다면 당연히 종잣돈을 모아 투자를 해야겠지요.

하지만 지금은 투자를 통해 대출을 갚겠다는 건 대단히 위험한 발상입니다. 소위 대박을 꿈꾸며 고위험 파생상품에 투자했다가는 일시에 투자원금까지 날릴 수도 있습니다. 뿐만 아니라 담보로 잡힌 집까지 날릴 수도 있겠지요. 지금의 투자시장은 전문가들도 장담할 수 없을 만큼 위험합니다. 간혹 대출이자를 내는 비용보다 일부 파생상품에 투자하면 몇 %의 수익을 더 낼 수 있기 때문에 장기적으로는 빚을 갚는 것보다 이득이라는 신문기사가 종종 나오기도 하는데, 그냥 무시하는 것이 좋습니다."

공 과장은 며칠 전에 비슷한 기사를 봤다면서 맞장구를 쳤다.

박 소장이 계속해서 설명했다.

"혹시 그런 기사가 나오면 금융회사 직원들이 자사 상품을 간접적으로 홍보하기 위해서 쓴 글이라고 생각하세요. 이론적으로는 그럴 수도 있으나 매달 일정하게 수익을 낸다는 보장이 없고 수수료에 대한 부분도 언급하지 않기 때문에 현실적으로는 차이가 있다고 봐야 합니다."

공 과장은 뾰족한 대책을 기대했는지 이내 실망한 표정을 지었다.

"그럼 결국 수입을 늘리는 방법밖에는 없는 거네요."

공 과장은 혼잣말로 중얼거렸다.

소득을 올리는 세 가지 방법

이때 아내 은미가 조용히 질문했다.

"소장님, 저희 부부가 소득을 올리려면 어떻게 해야 할까요? 좋은 방법이 있을까요?"

갑자기 공 과장이 눈에 힘을 주면서 박 소장을 바라보았다. 뭔가 대단한 대답을 원하는 눈치였다.

무표정한 얼굴로 박 소장은 담담하게 말했다.

"소득을 올리는 방법에는 대략 세 가지 정도가 있습니다."

"세 가지나 있다고요?"

공 과장이 침을 꿀꺽 삼켰다.

"우선 가장 확실하면서도 시간이 필요한 것부터 알려드리지요. 지난 머니세미나에서 알려드린 세 개의 주머니를 기억하시나요?"

공 과장이 선명하게 기억난다는 듯 바로 대답했다.

"그럼요! 비상금 주머니, 생활비 주머니, 그리고 자기계발비 주머니입니다."

공 과장은 씽긋 웃으며 당당하게 대답했다.

"제대로 기억하시는군요."

박 소장이 공 과장을 모처럼 칭찬했다.

"만약 수입의 10%에 해당되는 자기계발비 주머니를 지금까지 잘 실천하고 있었다면 지금쯤은 수입을 늘리기 위한 고민은 안 하셨을 겁니다."

웃고 있던 공 과장의 표정이 다시 일그러졌다.

"아니에요. 지금까지 자기계발을 하고 있습니다. 단지 따로 통장까지 만들어서 할 필요까지는 없다는 생각에…… 사실 좀 귀찮기도 하고……."

"그랬군요. 그런데 지금까지 자기계발을 위해 어떤 것들을 했습니까?"

박 소장이 단호하게 물어보자 공 과장은 머뭇거리며 대답했다.

"그러니까, 책을 좀 읽고 신문도 보고 가끔은 강연도 들으려고 하고, 그리고……."

박 소장이 더듬거리는 공 과장의 말을 끊고 얘기했다.

"자기계발이 잘 안 되는 이유는 돈을 안 들이고 해서입니다. 그래서 할 것도 없고 제대로 할 수도 없는 거죠. 기껏해야 한 달에 책 한두 권 정도 읽거나 가끔씩 무료 강연을 듣는 정도겠지요."

공 과장은 가슴이 뜨끔했다.

"매달 일정 금액을 본인에게 투자한다고 생각해보세요. 얼마 안 되는 적은 돈이라도 매달 꾸준하게 쓴다면 생각보다 할 게 많아질 겁니다. 신문을 보던 사람은 좀 더 깊이 있는 주간지나 월간지를 보면서 지식 수준을 올릴 수 있고, 헬스클럽에 등록해서 건강한 체력을 유지할 수도 있습니다. 매주 두 권의 책을 읽는다면 1년 동안 100권의 책을 읽게 될 거고요. 그런 생활을 5년 정도 하게 된다면 본인도 몰라보게 달라질 겁니다. 그동안 몰랐던 본인의 잠재력을 자기계발을 통해 깨우치는 것이지요. 저의 경우도 그랬고 제 주변 분들도 그런 방법으로 자신의 몸값을 키워온 사람들이 많습니다. 자기계발을 제대로 하려면 자기 자신을 위해 매달 일정한 금액을 투자하는 것보다 더 좋은 방법은 없습니다."

공 과장은 그렇게 못한 지난날이 아쉽다는 표정을 지었다.

"지금 당장은 아니어도 앞으로 5년 후 공현우 씨의 미래를 생각한다면 자기계발비 주머니를 다시 가동시켜야 합니다. 그 돈으로 자신의 특기를 개발한다든지, 아니면 숨겨진 재능을 찾기 위해 책이나 강연을 지속적으로 들으면서 자아의식을 깨우려 노력한다면 분명 기대 이상으로 달라진 자기 자신을 만나게 될 겁니다."

공 과장의 표정이 진지해졌다. 옆에 앉은 아내 은미도 심각한 표정을 지었다.

"그럼 소득을 올리는 첫 번째 방법이란 게 자기계발비 주머니를 다시 만드는 거네요."

공 과장의 물음에 박 소장이 고개를 끄덕였다.

"그럼 두 번째는 뭔가요?"

공 과장이 힘없는 어투로 물었다.

"두 번째는 현재의 일에서 승부를 보는 겁니다. 업계에서 알아줄 정도로 일인자가 되어서, 연봉을 올려받든지 아니면 경쟁업체로 높은 연봉을 받고 이직을 하는 거죠. 그러려면 기업이나 사회에서 원하는 스펙을 쌓아야 하기 때문에 이것 역시 자기 자신에게 엄청난 투자를 해야 합니다. 이를 위해서 흔히 MBA에 입학하거나 대학원, 유학과 같은 방법을 선택하기도 하지요."

공 과장이 좀 전보다 더 깊은 한숨을 내쉬었다. 옆에서 아내 은미가 보기에도 안쓰러웠다.

"그럼 마지막은 뭔가요? 당장 할 수 있는 것이면 좋겠네요."

박 소장은 한숨을 쉬는 공 과장을 안쓰럽게 바라보며 대답했다.

"마지막은 지금 주어진 일을 하면서 추가적으로 수입을 올리는 겁니다. 맞벌이를 한다든가 아니면 투잡이나 부업을 하는 식으로 수입을 늘리는 거지요. 은미 씨가 직장을 구하고 있다고 했으니 취직이 된다면 조만간 추가 수입이 가능하겠네요. 맞벌이는 가장 현실적이고 효과가 빨리 나타나는 방법이지만 자녀를 남에게 맡긴다든지 치러야 할 대가가 만만치 않지요. 그렇다고 무작정 인형의 눈을 붙이거나 하는 식의 부업은 안 하는 게 좋습니다. 소득도 낮을뿐더러 시간과 힘만 드는 경우가 많기 때문에 별로 효과가 없습니다."

아내 은미가 질문했다.

"그럼 소장님, 제가 취직을 해서 얼마를 벌게 될지는 모르지만 대략 지금보다 더 돈을 번다면 어떤 식으로 대출도 갚으면서 저희 노후자금과 자녀교육비까지 준비할 수 있을까요?"

노후자금과
자녀교육비를
계획하라

박 소장이 미소를 지으며 말을 시작했다.

"손은미 씨의 질문에 답하기 전에 지금까지 이야기했던 내용을 총정리해볼까요? 가장 먼저 안정적인 삶을 위한 내 집 마련의 중요성을 말씀드렸습니다. 그리고 절대 집 한 채로는 투자를 생각하지 말라고 강조했지요? 현재의 재정 상태를 알아보기 위해 자산관리대장을 적으면서 자산과 부채의 상황을 파악했고, 대출상환계획표를 작성하며 대출의 규모와 금리에 따라 대출을 갚을 우선순위를 함께 정했습니다. 공현우 씨는 대출을 갚아나갈 자금을 마련하기 위해 중형 자동차를 소형 중고차로 바꾸기로 했고, 대출을 더 빨리 갚기 위해 소득을 올리는 방법 세 가지를 알려 드렸습니다."

아내 은미는 박 소장의 모든 말을 받아적을 기세로 필기에 열중했다. 공 과장 역시 그동안 걱정만 했던 대출과 노후자금, 그리고 어린 딸 연주를 위한 자녀교육비까지 해결하고 싶은 마음이 굴뚝같았다.

"자, 대출도 갚고 노후자금과 자녀교육비를 마련하는 두 가지 방법을 예로 들어보겠습니다. 하나는 현재 공현우 씨 급여만으로 해결하는 경우와, 또 하나는 아내 은미 씨가 추가적인 수입을 발생시킬 경우입니다. 이를 위해서 자동차를 바꾸고 생활비를 줄이는 식의 지출 항목에 변화가 있을 것입니다."

박 소장은 다시 두툼한 서류 파일에서 용지를 몇 장 꺼내어 탁자 위에 올려놓았다.

그중에서 〈현금흐름표 조정〉이라고 쓰인 종이를 맨 위에 올려놓고 작성을 했다.

박 소장은 이미 계획을 세워 놓았는지 순식간에 도표를 작성했다. 그리고 그 도표를 공 과장 부부에게 건넸다. 공 과장과 아내 은미는 항목마다 꼼꼼히 살펴보았다.

"소장님, 씀씀이가 별로 달라진 것 같지도 않은데, 변경 후에는 무려 100만 원가량의 주택담보대출 상환과 노후자금 그리고 많지는 않지만 연주를 위한 펀드 저축까지 있네요."

공 과장이 신기한 듯 도표에서 눈을 떼지 못한 채 말했다.

"소득의 변화 없이 지출만 바꾼 것뿐입니다. 자동차를 바꾸고 생

표 3_ 현금흐름표 조정 1 – 현재의 소득을 통한 방법

	현재			변경 후	
수입	공현우	350만 원	수입	공현우	350만 원
지출	아파트관리비	18만 원	지출	아파트관리비	18만 원
	대출이자	80만 원		대출이자(주택담보대출 제외)	18만 원
	자동차할부금	75만 원		연주 어린이집	35만 원
	연주 어린이집	35만 원		연주 학습지	5만 원
	연주 학습지	5만 원		생활비	80만 원
	생활비	130만 원		보험료	30만 원
	보험료	30만 원	대출상환	주택담보대출	99만 원
	경조사 외 기타	10만 원		1순위 대출상환	25만 원
			노후자금	연금보험	20만 원
			자녀교육비	펀드 저축	10만 원
			비상자금	비상금 주머니	10만 원
	합계	383만 원		합계	350만 원
	수입-지출	-33만 원		수입-지출	0

총 대출금	대출상환금	대출상환 종료 기간	비고
1억 6천700만 원	월 124만 원	20년	1. 1억 5천만 원 주택담보 대출 월 99만 원씩 20년간 상환 2. 기타 대출 월 25만 원씩 5년 6개월간 상환

활비를 10%가량 줄여서 얻어낸 결과죠. 매달 25만 원씩 1순위부터 3순위까지 정해놓은 대로 대출을 갚아간다면 5년 6개월 후에는 주

택담보대출을 제외한 모든 대출을 갚을 수 있습니다. 이때부터는 25만 원의 돈을 연금이나 교육비에 추가로 저축하면 되겠지요. 이대로라면 20년 후 공현우 씨가 은퇴하는 시점까지는 주택담보대출도 모두 상환하게 되고, 넉넉하지는 않지만 생활비 정도의 노후연금도 넣고 자녀교육비도 모을 수 있습니다."

박 소장의 말에 아내의 얼굴에 화색이 돌았다. 공 과장은 이제야 뭔가 해결된다는 기분이 들었다. 별것도 아닌 것 같은데 조금만 조절하니 대출 문제와 노후준비, 그리고 연주 교육비까지 조금씩 해결할 수 있었다.

박 소장이 노후자금과 자녀교육비의 항목을 보면서 부연 설명을 시작했다.

"요즘 30~40대를 중심으로 대출 문제 못지않게 노후에 대한 준비와 자녀교육비가 걱정거리입니다. 이 문제에 대해서는 좀 더 짚어볼 게 많습니다. 시간도 필요하기 때문에 다음 만남 때 자세히 얘기하는 것으로 하지요."

공 과장과 아내는 꼭 듣고 싶다며 고개를 끄덕였다.

아내 은미가 질문했다.

"그럼 소장님, 제가 수입이 생긴다면 어떻게 바뀌게 되나요?"

박 소장은 아내의 추가 소득을 반영, 현금흐름표를 조정해 보여주었다.

표 4_ 현금흐름표 조정 2 – 추가 소득을 통한 방법

현재			변경 후		
수입	공현우	350만 원	수입	공현우	350만 원
				손은미	150만 원
	합계	350만 원		합계	500만 원
지출	아파트관리비	18만 원	지출	아파트관리비	18만 원
	대출이자	80만 원		대출이자(주택담보대출 제외)	18만 원
	자동차할부금	75만 원		연주 어린이집	35만 원
	연주 어린이집	35만 원		연주 학습지	5만 원
	연주 학습지	5만 원		생활비	100만 원
	생활비	130만 원		보험료	30만 원
	보험료	30만 원	대출상환	주택담보대출	99만 원
	경조사 외 기타	10만 원		1순위 대출상환	100만 원
			노후자금	연금보험	30만 원
			자녀교육비	펀드 저축	20만 원
			비상자금	비상금 주머니	20만 원
			자기계발	자기계발비 주머니	20만 원
	합계	383만 원		합계	495만 원
	수입-지출	-33만 원		수입-지출	5만 원

총 대출금	대출상환금	대출상환 종료 기간	비고
1억 6천700만 원	월 199만 원	20년	1. 1억 5천만 원 주택담보대출 월 99만 원씩 20년간 상환 2. 기타 대출 월 100만 원씩 1년 6개월간 상황 3. 기타 대출상환 이후 월 100만 원 저축을 통해 5년 후 종잣돈 6천만 원 마련

"손은미 씨께서 매달 150만 원의 소득을 올릴 경우를 가정해서 작성한 것입니다. 맞벌이로 인해서 생활비를 더 쓸 수밖에 없지요. 그래서 변동 생활비를 10% 정도 올렸고, 주택담보대출 외의 나머지 대출금 상환에 매달 100만 원씩을 갚게 될 겁니다. 불과 1년 6개월 만에 나머지 대출을 갚을 수 있게 되는 거지요. 나머지 대출금을 갚은 후에는 매달 100만 원씩 종잣돈을 모으기 위한 저축을 하는 게 좋습니다. 5년 후가 되면 6천만 원의 종잣돈이 생기게 되고, 내 집에 대한 주택담보대출도 약 1억 1천만 원으로 시세 대비 37%의 비교적 양호한 상태로 낮아지게 됩니다. 이때부터 관심이 가는 분야에 재테크를 하면서 자산을 늘릴 수 있는 기회를 얻는 것이지요. 단, 고위험 파생상품은 피해야 합니다. 또 자기계발비 부분도 별도의 통장을 만들어서 부부가 각각 10만 원씩 쓰는 것을 시작으로, 소득이 오를 때마다 자기계발비를 올려서 최소한 소득의 10%까지는 쓰시기 바랍니다. 제가 생각할 때 이 정도의 계획을 유지한다면 대출금 상환과 노후자금, 그리고 자녀교육비에 목돈 마련까지 모두 해결할 수 있다고 판단됩니다."

공 과장의 표정이 점점 밝아졌다. 아내 은미는 더 좋아했다. '빨리 취직자리를 알아봐야겠다'고 다짐을 하는 듯했다.

공 과장은 아내에게 말했다.

"자기가 다시 일을 하게 된다면 돈을 빨리 모을 수 있어서 좋기는 하겠지만 아직은 어린 연주에게 미안한 마음이 생기지 않을까?"

아내는 입가에 미소를 띄우며 답했다.

"연주는 어린이집에 어느 정도 적응이 되어서 조만간 종일반에 들어가도 무리가 없을 것 같아. 그 시간에 일하면 되지. 무엇보다 자기 혼자서 이 모든 문제를 해결하려고 버둥거리는 모습을 옆에서 마냥 지켜보는 게 더 힘들어. 그렇잖아도 연주가 크면 빨리 힘을 덜어줘야겠다고 늘 생각하고 있었어."

공 과장 부부는 박 소장을 처음 만나러 왔을 때의 무거운 마음이 한결 가벼워진 걸 느꼈다.

전세도
방법이다

표정이 환해진 공 과장 부부를 보며 박 소장이 다시 말을 이었다.

"자, 하우스 푸어를 탈출할 마지막 방법이 남아 있습니다."

공 과장 부부는 다시 눈을 동그랗게 뜨며 박 소장을 바라보았다.

"아니, 방금 전 말씀하신 방법말고도 또다른 방법이 있다고요?"

공 과장이 의아한 듯 물었다.

"이 방법은 극단적이긴 하지만 알아두면 좋을 것 같아서 참고로 말씀드리는 겁니다."

공 과장 부부는 궁금한 듯 자세를 고쳐 잡고 테이블 안쪽으로 바짝 당겨 앉았다.

"마지막 방법은 현재의 집을 팔고 전세로 사는 것입니다."

"네? 집을 팔라고요? 그건 좀……."

공 과장은 오늘 박 소장을 만나러 오면서 이 방법만큼은 듣고 싶지 않았다. 더군다나 유일한 자랑이던 자동차도 팔아야 할 판에 집까지 팔라고 하면 자신의 신세가 한없이 처량할 것 같았다.

"하하, 너무 흥분하지 마시기 바랍니다. 이것도 경우에 따라서는 좋은 방법이 될 수 있기 때문에 알려 드리는 것뿐입니다."

하지만 아내 은미는 좀 전보다 더 흥미를 느끼는 것 같았다. 아내는 무리하게 대출을 받아가면서까지 내 집에서 살 이유는 없다고 항상 생각해 왔다.

전세, 빚 없이 내 집을 마련하는 대안

박 소장은 진지하게 설명을 시작했다.

"만약 공현우 씨가 집을 팔고 전세로 들어갈 경우를 계산해봅시다. 현재 시세인 3억 원에 집을 팔았다고 치면 모든 대출금을 갚고 나면 대략 1억 3천만 원 정도가 남게 됩니다. 여기에 이사 비용과 부동산수수료 등으로 500만 원을 지불했다면 1억 2천500만 원이 남게 되겠지요. 이 돈으로 전세를 구하면 됩니다. 물론 최근 전세 값이 급등해서 현재 살고 있는 아파트 정도의 전세를 얻기는 힘들겠지만 소형 평수나 빌라 등을 고려한다면 1억 2천500만 원으로 전세를 구하는 데는 무리가 없을 겁니다."

공 과장이 뾰로통한 표정을 짓는 반면 아내는 귀를 쫑긋 세웠다.

박 소장은 아내 은미쪽을 바라보며 설명했다.

"전세로 들어간 후부터는 그동안 매달 갚을 계획이던 대출상환금으로 적금을 하는 겁니다."

박 소장이 대출상환계획표를 보면서 계산을 했다.

"주택담보대출을 상환하기 위해 매달 100만 원씩 갚을 계획이었으니, 이 돈을 시중은행의 4% 단리 적금에 넣는다면 10년 동안 약 1억 4천만 원을 모을 수 있습니다. 그리고 주택담보대출 외의 나머지 대출상환을 위한 25만 원과 이자 18만 원을 합쳐 43만 원을 매달 적금에 넣을 수 있겠지요. 그리고 이 돈을 같은 상품에 넣으면 10년 뒤에 약 6천만 원을 모을 수 있습니다. 이 둘을 합치니 무려 2억 원이란 돈이 10년 만에 생기게 되는 것입니다."

공 과장은 집을 팔았을 경우를 설명하는 박 소장의 말에 관심 없다는 듯 창밖만 바라보다가 10년 후에 2억이란 말에 놀라듯이 고개를 돌려 박 소장이 설명하는 메모장을 바라보았다.

박 소장이 계속해서 설명했다.

"그럼 10년 후에 전세금 1억 2천500만 원과 모은 돈 2억 원을 합치면 3억 2천500만 원이 생기는 겁니다. 만약 집값이 오르지 않는다면 지금의 집을 대출 없이 살 수 있겠지요. 조금 전 계획했던 20년의 대출상환 기간을 무려 10년이나 줄인 것이지요. 집을 대출 없이 사고도 남는 2천500만 원은 공현우 씨가 그토록 원하던 중형 승용차를 할부 없이 전액 현금으로 살 수가 있겠네요."

"네? 10년 만에 그게 가능하다고요?"

공 과장이 놀라듯이 큰소리로 물었다.

"그것도 맞벌이가 아닌 공현우 씨 홀로 벌었을 때를 가정해서 말씀드린 겁니다."

공 과장은 머릿속이 복잡해지는 걸 느꼈다.

'집을 팔고 전세로 산다면 10년 후에는 지금과 똑같은 집이 우리 것이 된다. 그리고 중형 승용차까지……. 그것도 대출 한푼 없이…… 나 혼자 벌어서도 가능하다. 어떡하지, 집을 팔아버릴까?'

아내 은미도 생각에 잠겨 있었다.

박 소장은 계속해서 말을 이어갔다.

"만일 전세로 살면서 맞벌이까지 하게 된다면 월 100만 원씩 추가로 저축한다고 가정했을 때 좀 전의 상황이 10년에서 6년으로 단축됩니다. 즉, 6년 후에 온전한 내 집과 중형 자동차를 한 푼의 대출도 없이 갖게 되는 것이죠."

박 소장은 놀란 눈빛으로 바라보는 공 과장 부부를 위해 전세로 살 경우 바뀌게 될 현금흐름표를 다시 작성해 주었다.

공 과장은 세 번째 현금흐름표를 바라보았다.

집을 소유하면서 대출을 갚을 경우와 생활비, 자동차를 처분하는 것은 같았지만 대출이자가 없어지고 대출상환금 대신 저축이

표 5_ 현금흐름표 조정 3 - 전세로 살 경우

현재			변경 후		
수입	공현우	350만 원	수입	공현우	350만 원
지출	아파트관리비	18만 원	지출	관리비	17만 원
	대출이자	80만 원		연주 어린이집	35만 원
	자동차할부금	75만 원		생활비	80만 원
	연주 어린이집	35만 원		연주 학습지	5만 원
	연주 학습지	5만 원		보험료	30만 원
	생활비	130만 원			
	보험료	30만 원	저축	장기저축	100만 원
	경조사 외 기타	10만 원		장기저축	43만 원
			노후자금	연금보험	20만 원
			자녀교육비	펀드 저축	10만 원
			비상자금	비상금 주머니	10만 원
합계		383만 원	합계		350만 원
수입-지출		-33만 원	수입-지출		0

란 항목이 들어갔다. 그리고 연금과 자녀교육비도 그대로 있었다.
지금까지 집을 판다는 건 무조건 안 된다고만 생각했지 이런 방법
이 있는 줄은 몰랐다.

박 소장은 현금흐름표 아랫부분에 큰 글씨로 뭔가를 적었다.

> "10년 후 미래 전세금 1억 2천500만 원 +
> 정기적금 2억 = 총 3억 2천500만 원"
>
> 27평 아파트와 중형 승용차가 우리의 것.

그러고 나서 시계를 보며 얘기했다.

"벌써 시간이 많이 흘렀군요. 제가 카페를 세 시간 동안만 쓸 수 있도록 예약했기 때문에 오늘 상담은 여기에서 마무리해야겠습니다. 지금까지 대화를 하며 작성한 종이는 모두 드릴 테니 오늘 집에 가면 두 분이서 진지하게 고민하고 결정하시기 바랍니다. 어떤 결정을 내리든지 정답은 없습니다. 집을 팔고 전세로 살면서 돈을 모으는 것이 좋은 대안일 수도 있고, 내 집에서 편안히 살면서 대출을 갚아가는 것이 좋은 방법일 수도 있습니다. 또한 맞벌이나 부업 같은 추가 소득에 있어서도 자녀양육 문제 등을 잘 따져가면서 현재의 행복한 생활을 최대한 누릴 수 있도록 결정하시기 바랍니다."

아내 은미가 아쉬운 듯 질문했다.

"소장님, 나중에 자녀교육비와 노후자금에 대해서 더 자세히 배우고 싶은데요. 언제쯤 또 만날 수 있을까요?"

"대출상환계획이 결정되면 그때 만나는 걸로 합시다."

공 과장 부부는 고개를 크게 끄덕이며 서로 마주 보았다.

공 과장이 자리에서 일어서자 뱃속에서 꼬르륵 소리가 들렸다.

"배가 고프시군요. 저도 출출한 참이었습니다. 근처에 유명한 청국장집이 있는데 함께 식사하실까요?"

"예, 좋습니다."

공 과장이 흔쾌히 대답했다.

박 소장과 공 과장 부부는 웃으면서 카페를 빠져나왔다.

카페 여직원이 무전기에 대고 얘기를 하자 채 5분도 안 돼 직원이 골프카트를 몰고 왔다. 골프 코스를 시원스럽게 내달리는 순간, 공 과장은 가슴까지 후련해지는 것 같았다.

'그래, 이제부터라도 돈 걱정은 그만하고 우리 집을 살려낼 방법을 찾아보자.'

공 과장은 아내 은미의 손을 꼭 잡고 마음속으로 다짐했다.

다시 한 번 새 출발하는 기분이 들었다. 예전처럼 잘할 수 있다는 자신감도 생겼다. 하늘을 올려다보니 공 과장의 마음을 아는지 구름 한 점 없이 맑고 푸르기만 했다.

주택담보대출, 금리가 관건이다

1. 지금 당신의 금리를 점검하세요

가계부채의 심각성을 느낀 정부는 부실한 대출 구조를 바꾸기 위해 주택
담보대출에 대하여 고정금리형 대출을 적극 권장하고 있습니다. 그 영향
으로 일부 고정금리 상품의 경우 변동금리 상품에 비해 이자 부담이 낮
거나 비슷한 수준으로 내려가고 있습니다. 또한 세금 혜택까지 푸짐해서
더욱 유리해졌습니다.

2. 2012년부터 고정금리 방식이 훨씬 유리해진다

기존에는 기준시가 3억 원 이하, 국민주택 규모(85m²) 이하의 주택을 구
입하면서 상환기간 15년 이상으로 주택담보대출을 받으면 이자 비용에
대해 1천만 원까지 소득공제를 받을 수 있었습니다.

하지만 2012년부터는 15년 이상 장기고정금리 또는 비거치식 분할상환
(원리금상환)의 경우 1천500만 원까지 소득공제 한도를 늘려주기로 했습
니다. 변동금리나 이자만 내는 거치식 대출(만기 일시상환)은 500만 원으
로 소득공제 한도를 줄였습니다.

자, 책의 내용을 예로 들어 쉽게 설명해볼까요?

2장에서 살펴본 것처럼 공 과장의 경우 1억 5천만 원을 5% 금리로 대출
받았으므로 연간 이자는 750만 원입니다.

기존의 만기 일시상환대출을 유지한다면 2012년부터는 500만 원까지만
소득공제를 받을 수 있고, 나머지 250만 원은 소득공제 혜택을 받을 수

없게 됩니다.

하지만 공 과장이 주택담보대출을 고정금리나 원리금상환대출 방식으로 변경한다면 이자 750만 원에 대해서 전액 소득공제를 받을 수 있습니다. 현재 같은 은행에서 거래할 시 변동금리에서 고정금리로 변경할 경우 중도상환수수료를 면제받을 수 있기 때문에 잘 알아보시고 적극적으로 갈아타시기 바랍니다.

3. 달라지는 주택담보대출 소득공제

● 2011년까지

상환기간 15년 이상인 주택담보대출 이자 상환액은 금리 형태에 상관없이 연간 1천만 원까지 소득공제

● 2012년부터

15년 이상의 장기 고정금리 또는 비거치식 분할상환(원리금·원금균등상환) 대출이자 상환액에 대하여 연간 1천500만 원까지 소득공제. 기타 대출(변동금리 등)은 연간 500만 원까지만 소득공제

4. 주택담보대출 외에 카드론 등 고금리 대출이 있을 경우

제1금융권인 시중은행에서 주택담보대출을 받았다면 한도가 높고 금리가 저렴한 제2금융권(보험사 등)으로 대출을 갈아타서 고금리 대출을 갚는 것도 좋은 방법입니다. 단, 기존 대출상환에 따른 조기상환수수료와 신규대출에 부과되는 수수료를 잘 따져봐야 합니다. 만약 고금리 대출을 장기간 이용해야 한다면 제2금융권으로 주택담보대출을 갈아타는 것이 좋습니다.

공 과장 부부와 공 과장의 처형 그리고 처남은 다 같이
박원국 소장으로부터 자녀교육비에 관한 세미나를 듣
게 된다. 앞으로 딸의 대학등록금을 마련할 수 있을지
걱정이 앞서던 공 과장 부부는 박 소장으로부터 충격적
인 진실을 듣고 지금까지의 생각을 바꾸게 된다.

● ● ● ● ● ● ● ● ● ●

3장

우리 아이,
돈 걱정 없이
잘 키우고 싶다

★ 자녀교육비 세미나

자녀교육에
대한
새로운 고찰

박 소장을 만난 지 보름이 흘렀다.

공 과장은 박 소장을 만난 다음날 중고차 매매업체를 찾아가서 자동차를 처분하고 소형 중고차로 바꾸었다. 아내 은미는 "작은 차는 눈에 띄는 색이 예쁘다"며 꼭 빨간색으로 사라고 당부했다. 3년 된 소형차를 타고 출근하자 회사 동료들은 공 과장이 아내에게 차를 새롭게 사준 줄 알고, 두 대의 차를 굴리는 알짜부자라며 엄지손가락을 치켜들었다. 공 과장은 차를 바꾸고 나서 300만 원의 차액이 생기자 처형에게 빌린 200만 원을 먼저 갚았다. 그리고 잔액 100만 원에서 이달에 결제할 카드 값을 갚고, 나머지는 이달부터 새롭게 만든 비상금 통장에 넣어 두었다.

퇴근하고 집에 돌아오면 아내와 대출을 어떻게 갚아나갈지에 대해서 날마다 대화를 나누었다. 아내는 집을 팔고 전세로 살기를 바랐으나 공 과장은 그 방법이 짧은 기간 동안 대출을 해결할 수는 있지만 내 집에서 살다가 전세를 살아야 하는 불편함과 치솟은 전셋값으로 인해 멀리 떨어진 곳으로 이사를 가야 한다는 점을 들어 우려해왔다. 또한 아내가 일을 하는 것도 적극적으로 찬성할 수 없었다. 어떻게든 혼자의 힘으로 지금의 난관을 헤쳐나가고 싶었지만 계산을 해볼수록 수입이 더 늘어야 한다는 것은 어쩔 수 없는 현실이었다.

오늘은 일찌감치 저녁식사를 마치고 연주를 재운 뒤 공 과장 부부가 소파에 앉았다. 지난번 박 소장이 건네준 각종 양식들을 펼쳐 놓고 마지막 결론을 짓기 위해 대화를 시작했다.

공 과장 부부, 재정계획을 결정하다

현금흐름표를 한참 동안 바라보던 아내가 먼저 말을 꺼냈다.

"좀 불편하면 어때? 그냥 이 집 팔고 이사 가자. 외진 곳으로 간다 해도 돈 때문에 걱정하며 사느니 차라리 맘 편하게 사는 게 낫지 않아? 난 아무리 생각해봐도 그 방법이 가장 좋을 것 같거든. 예전처럼 돈 모으는 재미도 느끼면서 살자, 응?"

아내가 콧소리를 내며 공 과장을 설득했다.

공 과장은 조용히 고개를 저었다.

"나도 그 방법이 좋다고 생각해. 그래서 얼마 전에 동네 부동산 중개소에도 갔었거든. 근데 요즘 부동산 경기가 워낙 좋지 않아 집을 사려는 사람 자체가 없다는 거야. 아무리 급매물로 내놔도 전화조차 오지 않는대. 우리 아파트 단지에 집을 매물로 내놓은 사람들이 벌써 수십 명이라면서 팔린다는 장담을 못한다고 하더라고."

공 과장의 말을 듣고 아내는 실망스러운 표정을 지었다.

"그럼 팔고 싶어도 못 파는 거네. 어떻게 그럴 수가 있지?"

"그러게 말이야. 그렇다고 헐값에 팔 수도 없고, 부동산중개소에서는 경기가 살아날 때까지 기다리라고 하더라고. 하지만 마냥 기다릴 수도 없고 뭘 어떻게 해야 할지 모르겠어."

공 과장이 푸념하듯 한숨을 내쉬었다.

아내가 곰곰이 생각하더니 좋은 생각이 있다며 얘기했다.

"그럼 복잡하게 생각할 것 없이 박 소장님이 알려주신 순서대로 실천하면 되겠네."

아내는 박 소장이 건네준 세 개의 현금흐름표를 펼쳐서 공 과장에게 보여주었다.

"이건 박 소장님이 첫 번째로 계획해 준 현금흐름표야. 현재의 소득을 유지하면서 당장 실천할 수 있는 거지. 우선 이 방법을 실천하고 그다음에 내가 취직이 되면 그때 두 번째 현금흐름표대로 하는 거야. 그리고 나중에 부동산 경기가 좋아지면 이 집을 팔고 전세로 살면서 마지막에 알려주신 방법을 실천하는 거지. 어때? 나 똑똑하지 않아?"

아내가 어깨를 으쓱대며 얘기했다.

아내의 얘기를 듣고 보니 과연 그럴 듯했다. 당장 실천할 수 있는 것부터 시작해서 점차 계획을 바꾸는 것도 좋은 방법이라는 생각이 들었다.

공 과장이 고개를 끄덕이며 아내를 칭찬했다.

"예쁜 줄만 알았더니 머리까지 좋네."

"후후, 정말?"

공 과장이 농담을 던지자 두 사람은 모처럼 환하게 웃었다. 돈 때문에 걱정했던 날들이 언제였던가 싶었다. 공 과장은 박 소장이 적어준 현금흐름표를 냉장고 위 눈에 잘 보이는 곳에 붙여놓았다. 공 과장은 스스로 '대출 문제를 빨리 해결하고 더 행복한 가정을 이루자'고 다짐했다. 이 정도는 충분히 할 수 있겠다는 자신감도 일었다.

다음날 공 과장은 은행에 가서 주택담보대출을 일시상환대출에서 원리금균등상환으로 전환했다. 원금 1억 5천만 원에 월 5%의 금리가 적용되어 매달 98만 9천900원씩 20년 동안 갚기로 했다. 그리고 수입이 늘거나 전세로 옮기게 된다면 더 빨리 갚을 수 있을 터였다. 또 노후자금 준비와 연주를 위한 자녀교육비 계획은 다음

주말에 박 소장을 다시 만난 후에 결정하기로 했다.

퇴근을 하고 집에 돌아오자 오랜만에 처형이 놀러 왔다. 남편과 두 아들이 축구교실에 가서 모처럼 자유를 얻었건만 막상 갈 곳이 없다며 동생 집으로 놀러 왔다고 했다. 양손에는 연주를 위한 선물이라며 장난감, 목욕도구, 그리고 옷가지를 한가득 들고 있었다. 그동안 조카들이 썼던 중고제품이지만 공 과장 부부에게는 꼭 필요한 선물이었다.

공 과장은 처형에게 고맙다는 인사를 건넸다. 처형은 식탁에 앉자 냉장고에 붙여진 현금흐름표를 유심히 바라보았다. 아내는 박 소장을 만난 얘기부터 앞으로 실천할 계획까지 줄줄이 말해 주었다. 처형이 아내를 바라보며 부럽다는 표정을 지었다.

식사가 끝날 무렵, 처형이 말했다.

"나도 박 소장님을 뵙고 싶어."

그러자 아내는 퉁기듯이 말했다.

"워낙 바쁜 분이어서 아무나 안 만나주셔."

처형은 집요하게 설득했다.

"다음에 올 때는 친구가 찜해 놓은 아이들 옷과 책을 모두 줄게. 중고로 팔아도 수십만 원은 될 거야."

아내는 마치 선심을 쓰는 척하며 공 과장에게 물었다.

"박 소장님과 만나기로 한 날짜가 언제지?"

"응. 다음주 토요일, 소장님 연구소에서 만나기로 했어."

공 과장이 대답했다.

"이번에는 자녀교육비에 대해서 말씀해주신다고 하셨지? 난 연주를 볼 때마다 걱정했는데, 이번에는 또 어떤 얘기를 들려주실지 벌써부터 기대가 돼."

아내가 또박또박 설명하듯 말하자 처형이 깜짝 놀라며 소리를 질렀다.

"뭐? 자녀교육비? 안 되겠다! 이건 정말로 아껴둔 건데, 애들 방에 원목 침대 있지? 너 갖고 싶다고 볼 때마다 조르던 그 침대 말이야. 그거 줄 테니까 나도 데려가 주라, 응?"

처형이 들뜬 목소리로 애원하자 아내는 한번 생각해보겠다며 거드름을 피웠다. 공 과장은 누구나 반겨주는 박 소장의 성격을 훤히 알면서도 친언니에게까지 이러는 아내의 모습을 보니, 가족이 더 무섭다는 생각이 들었다.

아내는 집에서 놀고 있는 처남도 함께 데려가자고 했다. 공 과장은 내일 출근해서 처형과 처남도 함께 간다는 이메일을 박 소장에게 보내야겠다고 마음먹었다.

온 가족이 머니앤리치스 경제연구소로 가다

화창한 5월의 토요일 오후.

공 과장은 아내와 처형, 그리고 처남까지 작은 빨간색 차에 가득 태우고 박 소장의 연구소를 향해 힘껏 액셀을 밟았다. 처남은 가기 싫다고 했지만 아내가 억지로 끌고 오다시피 했다. 처형은 알로에 주스와 수제 쿠키 한 박스를 선물로 드릴 거라며 정성껏 포장을 해서 가져왔다. 공 과장은 신나는 음악을 틀고서는 기분 좋게 운전을 했다.

공 과장은 몇 년만에 박 소장의 머니앤리치스 경제연구소에 가니 감회가 새로웠다. 지난 머니세미나에서 만났던 고바우 아저씨를 비롯한 동기생들이 지금 어떤 생활을 하고 있을지도 사뭇 궁금했다.

연구소 문을 열자 박 소장이 반갑게 맞아주었다. 처형이 가장 먼저 다가가 알로에 주스와 쿠키를 건네며 인사를 했다. 아내는 언니와 동생을 인사시키며 이름이 손은희, 손지훈이라고 소개했다. 연구소를 둘러보던 처남은 화려한 연구소를 기대했는지 약간은 실망한 듯한 표정이었다.

연구소는 예전과 다름없이 아담하고 소박했다. 조그마한 강연장 옆의 한쪽 벽면은 한치의 틈도 없이 책들이 빼곡하게 꽂혀 있었다. 박 소장이 쓰고 있는 책상은 낡았지만 품격이 있어 보였다.

인사를 마친 일행은 박 소장의 안내에 따라 테이블에 둘러앉았다. 박 소장은 처형이 사온 알로에 주스와 쿠키를 꺼내 탁자에 올려놓았다.

"이렇게 온 가족이 총출동해서 제 연구소에 오신 건 처음입니다.

그래서 더 영광입니다. 기다리면서 긴장 좀 했습니다."

박 소장이 농담하듯 서두를 꺼내자 모두 웃었다.

"소장님, 제 동생의 말을 듣고 정말 뵙고 싶었거든요. 저희야말로 영광입니다."

처형이 먼저 나서서 인사를 했다.

박 소장은 바로 본론으로 들어갔다.

"오늘은 자녀교육비 마련에 대한 얘기를 나누려고 합니다. 자녀를 두신 분이라면 사교육비와 치솟는 대학등록금 때문에 고민이 많으실 겁니다."

처형이 고개를 크게 끄덕이며 얘기를 했다.

"네, 저는 아들을 두 명 키우고 있는데요. 애들 사교육비 대느라 노후준비는커녕 대출금도 못 갚고 있거든요. 돈이 갈수록 많이 드니 정말 걱정입니다."

옆에서 아내가 공감한다는 듯 고개를 끄덕였다. 처형이 푸념하듯 계속해서 수다를 늘어놓았다.

"저희는 정말 아이들을 똑똑하게 키워서 돈도 많이 벌고, 하고 싶은 것 다하는 그런 인생을 살게 해주고 싶거든요. 지금은 좀 힘들더라도 아이들에게 투자를 해놓으면 언젠가는 다 보답을 받을 거라 생각하는데, 제 동생을 보면 의구심이 들기도 해요."

처형이 처남을 심각하게 바라보았다. 올 때부터 억지로 끌려왔다는 생각에 처남의 얼굴에는 불만이 가득했다. 더욱이 큰누나가

그렇게 말하자 잔뜩 주눅이 든 표정이었다.

아내 은미가 박 소장에게 얘기를 했다.

"소장님, 오늘 제 동생을 데리고 온 건 취직을 못했기 때문이기도 하지만, 형제들 입장에서 볼 때는 좋은 대학 나오고도 놀고 있는 모습을 도저히 볼 수가 없거든요."

처남의 얼굴이 빨개졌다. 아내는 거침없이 얘기를 계속했다.

"지훈이는 어려서부터 부모님이 저희들보다 신경을 더 많이 쓰셨어요. 웬만한 학원은 다 보내줬고 과외까지 시키면서 나름 좋은 대학에 들어가도록 지원을 했죠. 대학교 2학년까지는 집에서 학비와 용돈까지 모두 대주었고요. 그런데 문제는 군대를 다녀왔을 때 아버지가 은퇴하는 바람에 학자금 대출을 받은 거예요. 물론 방학 때 아르바이트를 해서 용돈은 벌어 쓰긴 했지만 학비까지는 충당할 수 없었죠. 그런데 아직까지 취직을 못해 놀고 있으니, 대출원금은 손도 못 댄 채 이자까지 못 내는 일이 잦아진 거예요. 그렇다고 부모님이 크게 모아놓으신 노후자금이 있는 것도 아니고, 연금도 변변찮고 그러다 보니까 제 아버지는 몸이 불편하신데도 계속 일을 찾아야 하는 상황이죠. 저희가 여유가 있으면 도움을 드리겠지만 그렇지도 못하고요."

아내는 집안의 문제점들을 요약해서 단번에 말해버렸다. 공 과장은 안쓰러운 듯 처남을 바라보았다. 아내의 얘기를 말없이 듣던 처형의 얼굴에도 어느새 수심이 가득 드리워졌다.

학자금 대출,
어떻게든 갚고
시작하라

아내의 얘기를 곰곰이 듣던 박 소장이 조용히 처남에게 물었다.

"학자금 대출 금액이 얼마나 되나요?"

처남이 모기 소리처럼 작은 목소리로 대답했다.

"약 2천만 원 정도 됩니다."

박 소장은 자리에서 일어나 책상에 놓인 A4 용지를 몇 장 가져 왔다.

"학자금 대출이면 금리가 5% 정도 되겠네요?"

"네, 그렇습니다."

박 소장은 빈 종이에 학자금 대출 2천만 원과 금리 5%라고 적었 다. 그러고 나서 말했다.

"현재 수입이 없으니 계획조차 세울 수가 없겠네요. 찾아보면 당장 아르바이트할 수 있는 곳은 있을 것 같은데요?"

처남이 잠시 생각하더니 대답했다.

"제가 대학 때 아르바이트했던 대형마트에서 지금도 전화가 가끔 옵니다. 농산물 코너 담당자 분이 제가 열심히 일했다며 풀타임 근무를 시켜주겠다고 며칠 전에도 전화를 하셨어요. 하지만 저는 그곳에서는 별로 일하고 싶지도 않고 그냥 빨리 좋은 기업에 취직됐으면 좋겠다는 생각뿐입니다."

"그곳에서 풀타임으로 일하면 얼마를 벌 수 있나요?"

"매달 조금씩 다르긴 한데, 대략 110만 원 정도 될 겁니다."

지금 당장 대출부터 갚아나가라

박 소장은 처남의 얘기를 들으면서 종이에 기록을 했다.

"좋습니다. 그 대형마트에서 아르바이트를 하면 되겠군요. 좋은 회사에 취직할 때까지 마냥 기다릴 게 아니라 일단 어떤 일이라도 해서 대출부터 갚을 생각부터 해야 합니다. 왜 그럴까요?"

모두 조용히 숨을 죽인 채 박 소장을 바라보았다.

"손지훈 씨는 현재 연체를 하고 있다고 했는데, 이러한 신용관리는 취직할 때 치명적일 수 있습니다. 또 대출을 미루는 나쁜 습관은 나중에 나이가 들어서도 고스란히 대출에 허덕이며 사는 삶으로 이어질 수도 있고요."

처남이 놀란 표정을 지었다. 박 소장이 단호한 어투로 계속해서 얘기를 했다.

"중요한 건 학자금 대출에 대해서 언젠가 취직을 하면 갚아야지 하는 안이한 생각은 지금 당장 버려야 한다는 겁니다. 이런 식으로 대책 없이 무작정 기다리다 신용상에 문제가 된 대학생들이 10만 명에 가깝습니다. 2011년 대학생 신용불량자가 3만 명, 그리고 신용연체자가 6만 명을 넘어선 것이지요. 이 수치는 갈수록 크게 증가하고 있습니다. 바로 손지훈 씨처럼 취직만을 바라보다가 이런 늪에 빠지게 되는 것이죠. 신용회복을 위해서는 적어도 3년의 세월이 걸립니다. 웬만한 기업이 채용을 할 때 신용조회를 하니 치명적일 수밖에 없는 것이죠."

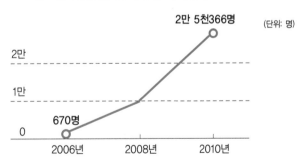
그림 3_ 신용불량자가 된 대학생

2만 5천366명 (단위: 명)

2만

1만

0

670명

2006년   2008년   2010년

자료: 한국장학재단

동생이 연체자라는 사실에 모두 한숨을 쉬며 고개를 떨구었다.

박 소장이 결연한 표정을 지으며 계속 얘기를 이어갔다.

"이것저것 따지지 말고 오늘 당장 대형마트 담당자에게 전화를 하세요. 그래서 가능한 빨리 일을 시작하는 겁니다."

박 소장은 A4 용지에 앞으로 아르바이트를 해서 돈을 벌게 될 경우 현금흐름표와 대출상환계획표를 그리기 시작했다.

표 6_ 손지훈의 현금흐름표 & 대출상환계획표

수입	아르바이트	110만 원
지출	교통비, 휴대폰	10만 원
	생활비	20만 원
	자기계발비	20만 원
	학자금 대출 상환 (이자 포함)	60만 원
합계		110만 원
수입-지출		0원

학자금 대출 2천만 원 상환계획표						
대출금액	상환기간	대출금리	상환주기	상환방법	매월상환금	비고
2천만 원	36개월	5%	매달	원리금 균등상환	59만 9천418원	매월 60만 원씩 3년간 모두 상환

박 소장은 도표가 그려진 A4 용지를 처남에게 건네주며 얘기했다.

"자, 여기 있습니다. 앞으로 아르바이트를 해서 소득이 생길 경우의 현금흐름표와 대출상환계획입니다. 수입의 절반 이상으로 대출금을 갚아나갈 겁니다. 이자 포함해서 매달 60만 원가량 갚아간다면 3년 만에 모두 갚을 수 있습니다. 손지훈 씨 입장에서는 예상보다 오랜 기간 갚아야 한다는 생각에 부담되겠지만 시간을 더 늦추게 되면 연체이자가 눈덩이처럼 불어나서 매달 100만 원씩 갚아도 모자랄지도 모릅니다."

미래를 위해 자신에게 투자하라

처남이 움찔하며 놀라는 표정을 지었다. 두 표를 바라보면서 많은 생각을 하는 것 같았다. 이윽고 박 소장에게 물었다.

"여기 자기계발비는 어떻게 쓰는 건가요? 차라리 이 돈으로 대출부터 갚으면 더 빨리 갚을 수 있을 것 같은데요?"

"손지훈 씨처럼 젊은 분이라면 자신의 몸값을 최대한 올리는 게 최고의 재테크입니다. 당장 20만 원으로 대출금을 갚아간다면 대출상환 시기를 앞당길 수는 있겠죠. 대신 자신을 키울 수 있는 기회를 잃게 됩니다. 따라서 자기계발비 통장을 따로 만들어서 자신을 위해 마음껏 쓰세요. 20만 원 정도면 책도 넉넉히 살 수 있고, 배우고 싶은 학원에 다닐 수도 있습니다. 아르바이트도 열심히 하면서 대출금도 갚고 미래를 위한 투자도 동시에 하는 것이죠. 아마 3년이 채 지나기 전에 달라진 자신의 모습을 보게 될 겁니다."

박 소장이 처남에게 내려준 처방전을 보면서 모두 표정이 밝아졌다. 무엇보다 기가 죽어 있었던 처남의 눈빛이 다시 살아났다. 처남은 입을 꾹 다문 채 박 소장이 건네준 종이를 손에 꼭 쥐었다.

박 소장은 테이블 위에 놓인 알로에 주스 뚜껑을 따서 처남에게 건네주었다. 모두 주스를 시원하게 마셨다. 공 과장은 처남의 등을 힘내라는 뜻으로 툭툭 두들겨주었다. 처남이 오랜만에 빙긋이 웃었다.

잠시 시간이 흐르자 박 소장이 얘기를 꺼냈다.

"손지훈 씨의 얘기는 대한민국 대학생들과 취업준비생들이 대부분 느끼고 있는 고민입니다. 앞서 손은희 씨께서 자녀들을 잘 키워서 훌륭한 사람으로 만들고 싶다고 말씀하셨는데, 모든 부모들이 그런 바람으로 자녀들을 키우고 있을 겁니다. 그런데 막상 대학을 졸업하면, 손지훈 씨와 같은 상황에 놓이게 되는 것이지요. 부모 역시 모든 돈을 자녀에게 쏟아부었으니 더 이상 쏟아부을 돈도 없고요. 누구에게나 반복되고 있는 이런 교육 시스템의 악순환에 대해서 여러분은 뭔가 잘못되었다는 생각이 안 드시나요?"

박 소장이 진지하게 질문하자 다시 분위기가 조용해졌다.

처형이 조용히 대답했다.

"저도 가끔 그런 생각을 합니다. 당장 우리 집만 봐도 제 동생을 훌륭하게 키웠다고 자부하지만 저렇게 힘들어하고 있고, 저희 부모님 역시 힘든 생활을 하고 계시거든요. 그런 모습을 지켜보자니 어떻게 자녀교육을 시키고 노후를 준비해야 할지 더욱 걱정이 됩니다. 하지만 아닌 줄 알면서도 딱히 어떻게 해야 할지 방법을 모르니 그저 남들 하는 대로 따라할 수밖에요."

처형의 말에 모두 공감하는 듯이 고개를 끄덕였다.

박 소장이 대답했다.

"그럼 관점을 바꾸어서 생각해 봅시다. 지금의 고민 해결에 도움을 줄 수 있는 좋은 사례를 말씀드리지요."

모두 기대에 찬 표정으로 박 소장을 바라보았다.

유대인의
지혜로운
경제교육

박 소장이 질문을 던졌다.

"우리나라 최고 부자는 누구일까요?"

갑작스런 질문에 모두 당황하는 표정을 지었다.

"그야……."

"당연히 삼성의 이건희 회장 아닌가요?"

처형이 머뭇거리자 처남이 좀 전보다 힘 있는 목소리로 대답했다.

박 소장이 처남을 바라보며 미소를 지었다. 처남은 처음 연구소에 들어섰을 때보다 훨씬 더 밝아진 표정이었다.

"맞습니다. 그럼 국내 최고의 부자 이건희 회장은 세계에서 몇 번째 부자일 거라고 생각하시나요?"

"글쎄요, 그래도 삼성 정도면 적어도 세계 50위 안에는 들지 않을까요?"

공 과장이 대답했다. 박 소장은 고개를 저었다.

"2011년 〈포브스〉가 발표한 '세계의 부자들' 자료를 보면 이건희 회장은 105위를 차지했습니다. 우리나라 두 번째 부자인 정몽구 현대차 그룹 회장은 162위이고요. 그리고 300위 안에는 아무도 없습니다. 우리나라를 대표하는 부자들이 세계의 부자들과 비교해 보면 순위가 현격히 낮다는 걸 알 수 있습니다."

표 7_ '세계의 부자들' 중 한국인 순위

순위	이름	재산	나이	소속
105위	이건희	86억 달러	69세	삼성전자 회장
162위	정몽구	60억 달러	72세	현대기아자동차 회장
347위	정몽준	32억 달러	59세	새누리당 국회의원
488위	이재용	24억 달러	42세	삼성전자 사장
564위	신창재	24억 달러	57세	교보생명 회장
564위	정의선	21억 달러	40세	현대자동차 부회장
565위	최태원	20억 달러	50세	SK 회장
595위	신동빈	20억 달러	56세	롯데 회장

출처: 2011년 〈포브스〉

세계 최고의 부자 민족, 유대인

박 소장이 다시 질문했다.

"자, 두 번째 질문입니다. 세계 100대 부자 중 40%가량을 차지하고 있을 뿐만 아니라 세계 100대 기업의 40%를 소유하고 있는 민족이 있습니다. 어마어마한 부자 민족이지요. 아마 여러분도 잘 아실 겁니다. 어떤 민족일까요?"

박 소장이 처형을 바라보자 처형은 놀란 토끼눈을 하고서는 더듬거리며 대답했다.

"글쎄요, 유대인이 아닐까요? 어디서 들어본 것 같은데……."

박 소장이 미소를 지었다.

"맞습니다. 바로 유대인입니다. 세계 인구의 0.2%에 불과한 유대인은 시간이 갈수록 더 많은 세계적인 부호들과 석학들을 탄생시키고 있습니다. 현재까지 노벨 경제학상 수상자의 65%를 배출했고, 아이비리그 대학 교수들의 30%가 유대인입니다. 그래서 그들이 어떻게 교육을 시키는지 많은 사람들이 앞다퉈 배우려고 하지요."

세계적인 부자들을 키워낸다는 유대인의 교육방식을 박 소장이 말하려 하자 공 과장과 아내가 관심을 보였다.

박 소장이 처남을 바라보며 질문했다.

"손지훈 씨, 대학에 들어가기 전까지 우리나라 학생들과 유대인 학생 중에서 누가 더 공부를 많이 할까요?"

처남이 이내 대답했다.

"당연히 우리나라 학생들이 더 많이 하겠죠. 고등학생들을 보면 새벽부터 밤 늦게까지 공부하잖아요. 텔레비전에서 보니까 유대인들은 저녁도 되기 전에 놀던데요. 우리하고는 완전 딴판인데 어떻게 그런 세계적인 부자가 됐는지 모르겠습니다."

박 소장은 이번에도 처남을 바라보며 약간은 장난기 섞인 표정으로 질문을 했다.

"그럼 우리나라 사람이 똑똑할까요? 아니면 유대인이 똑똑할까요?"

처남은 왜 자꾸 자기에게 묻느냐는 듯한 표정을 지었다.

"그야……, 우리나라 사람도 유대인 못지않게 똑똑하겠죠."

박 소장이 웃으면서 맞장구를 쳤다.

"저도 그렇게 생각합니다. 공식적인 자료는 없지만 그동안 이뤄낸 경제발전을 본다면 누가 봐도 우리나라 사람들이 유대인 못지않게 똑똑하고, 공부도 열심히 하는 훌륭한 민족이라는 데 이의를 달지 못할 겁니다. 그런데 이상한 점이 있습니다. 유대인들은 갈수록 세계적인 부자들과 석학들로 넘쳐나는데, 이들만큼 훌륭한 민족인 우리나라 사람들은 부자는커녕 앞서 말씀드린 대로 신용유의자와 돈에 허덕이는 '푸어' 집단만 급격하게 증가하고 있습니다."

왜 한국 아이들은 부자로 성장하지 못하는가?

박 소장이 잠시 말을 멈추고 일행을 바라보았다.

"왜 그럴까요? 방금 전 똑똑하게 자녀를 키우고 싶다던 손은희 씨 말처럼 자녀들을 좋은 대학도 보내며 훌륭하게 잘 키워냈는데, 왜 자녀들은 부자로 성장하지 못하고 돈 때문에 허덕이며 사는 것일까요?"

갑자기 주위가 조용해졌다. 공 과장이 잠시 생각해보니 정말 그랬다. 주변을 봐도 좋은 대학을 졸업하고 그럴듯한 직장에 다니는데도 부자가 된 사람은 찾아볼 수 없고 대부분 이 달에 결제할 카드 값이나 대출이자 때문에 고민하는 사람만 있는 것 같았다. 본인처럼 말이다.

박 소장이 의미심장한 표정을 지으며 입을 열었다.

"이 문제는 여러분이나 자녀를 위해 반드시 짚고 넘어가야 할 중대한 사항입니다. 아무리 열심히 공부하고, 일을 해도 돈 없이 힘들게 산다면 분명 잘못된 인생을 사는 거니까요."

처형이 관심을 보이며 의자를 당겨 앉았다.

"왜 우리한테 그런 문제가 생기는지 생각해봅시다."

박 소장이 처형을 바라보며 질문했다.

"손은희 씨, 자녀가 둘이라고 하셨는데 예전에 치렀던 자녀 돌잔치 기억하시나요?"

"네, 그럼요."

처형이 당연하다는 듯이 대답했다.

"그때 하객들로부터 돌반지나 축하금을 받았을 텐데, 그 돈은 다 어떻게 하셨나요?"

"그거야…… 남은 돈은 이래저래 썼고, 돌반지 몇 개 있던 것도 얼마 전에 금값이 많이 올라서 다 팔았는데요. 왜 그러시죠?"

처형은 생각지 못한 질문에 당황한 듯했다.

박 소장이 웃으며 고개를 저었다.

"매년 설날이 되면 자녀들이 세뱃돈을 받아올 겁니다. 아마 그 돈은 대부분 어머니들의 주머니 속으로 들어가죠. 지금은 그 돈이 어디 갔는지 모를 겁니다."

처형이 맞다며 고개를 끄덕였다.

"손은희 씨처럼 우리나라 대다수 부모들은 돌잔치를 치르고 남은 축하금이나 명절 세뱃돈, 용돈 등을 받아다가 어디론가 써버립니다. 자녀를 위한 최초의 저축 기회를 날려버리는 것이죠."

처형이 눈을 번쩍 떴다.

유대인의 철저한 경제교육 방식

"반면 유대인 부모를 볼까요? 몇 년 전 머니세미나에서도 잠깐

언급했지만 유대인들도 우리와 마찬가지로 돌잔치와 비슷한 행사를 엽니다. 친척이나 친구들이 모여서 축하금을 건네지요. 여기까지는 우리와 비슷합니다. 하지만 유대인 부모들은 이때 받은 축하금을 모두 자녀를 위한 적립식 펀드에 넣습니다. 즉, 태어난 지 1년이 되었을 때부터 자녀자립금을 위한 펀드에 가입해서 넣어줍니다. 또 자녀들이 생일 때나 각종 기념일에 용돈을 받아오면 어김없이 펀드 계좌에 추가 납입을 하지요."

아내 은미와 처형이 바쁘게 메모했다.

"유대인들은 13세가 되면 성인식을 치른다고 합니다. 이때도 주변으로부터 축하금을 받게 되는데, 이 돈 역시 펀드 계좌에 추가 납입합니다. 그리고 초등학교 4학년 때부터는 일을 시키며 용돈을 벌게끔 하지요."

"초등학교 4학년이 할 수 있는 일이 있을까요?"

진지하게 듣고 있던 처형이 물었다.

"초등학생 때는 주로 집안일을 거들겠지요. 유대인은 청소와 심부름 등 일을 해야만 용돈을 받을 수 있다는 것을 원칙으로 가르치지요. 그리고 중학생이 되면 동네를 다니면서 심부름이나 청소, 소일거리를 하면서 직접 용돈을 벌게끔 하고요. 이후 고등학생이 되면 본격적으로 맥도날드나 도미노피자와 같은 곳에서 서빙이나 배달 같은 일을 하면서 용돈을 벌게 합니다. 이처럼 유대인의 경제교육 핵심은 어려서부터 용돈은 반드시 벌어서 쓰게 하고, 남은 돈

은 펀드 계좌에 넣도록 습관을 들여주는 것이지요. 그러면서 손수
번 돈의 소중함과 투자의 개념을 알게 하고, 사회생활 경험을 어릴
적부터 쌓게 해주는 것입니다."

박 소장이 잠시 말을 멈추고 일행을 천천히 훑어본 뒤 다시 설명
하기 시작했다.

"유대인들은 어려서부터 일을 통해 용돈을 벌어 쓰게끔 합니다.
자, 이렇게 자란 유대인들이 생각하는 돈이란 어떤 개념일까요?"

박 소장이 일행을 바라보자 아무도 대답을 못했다.

"그들은 '돈이란 버는 것'으로 압니다. 그리고 많이 벌수록 원하는 걸 더 많이 얻을 수 있다는 경제원리를 스스로 깨우치게 되는 거죠. 그래서 그들은 '어떻게 하면 더 많은 돈을 벌지?'라는 고민을 어려서부터 하기 시작합니다."

모두 조용히 고개를 끄덕였다.

"이렇게 자란 유대인 자녀들은 스무 살이 되면 중대한 결정을 내려야 합니다. 왜냐하면 그동안 넣었던 펀드 계좌가 본인 명의로 바뀌기 때문이지요. 이때 18년 동안 넣어둔 펀드는 무려 10만 달러가 넘는다고 합니다. 즉, 우리나라 돈으로 1억이 넘는 자립금을 가지고 성인이 되는 것이죠. 이 돈으로 공부를 더 하기 위해 대학을 갈지, 유학을 갈지 아니면 사업을 할지 고민하겠지요. 학교에서 배운 이론교육과 아르바이트를 하면서 경험한 사회생활을 바탕으로 유대인 자녀들은 자신의 적성에 맞는 진로를 선택하게 되고, 부모는 자녀의 결정에 관여하기보다 스스로 결정한 선택을 존중하고 거기서 '최고가 돼라'고 아낌없는 격려를 해준다고 합니다. 성인으로 출발하면서부터 충분한 자립금을 갖고 자신의 적성에 맞는 진로를 선택하니 우리와는 완전히 다른 출발을 하고 있는 셈이지요. 이런 교육과정에서 자라난 유대인들이 세계적인 부자로 크는 게 어찌 보면 당연하다는 생각이 듭니다."

모두 숙연해졌다.

"반면 우리나라 자녀들은 어떨까요? 손지훈 씨?"

"네?"

박 소장이 처남을 호명하자 처남은 움찔 놀라면서 대답했다.

"손지훈 씨가 어릴 적 경험했던 돈에 대한 추억은 어떤 것이 있나요?"

"그야, 엄마에게 맛있는 거랑 장난감 사달라며 졸랐던 일과 용돈 더 올려달라고 떼쓰던 일, 그리고 고등학교 때는 늦게까지 학원에 다니니까 용돈을 넉넉히 받아서 친구들과 맛있는 거 사먹고 놀던 일 정도가 생각나네요!"

아내 은미도 고개를 끄덕이며 동의했다.

"손지훈 씨는 대학에 가서 아르바이트를 한 적이 있다고 하셨는데요. 고생해서 번 돈은 다 어떻게 쓰셨나요?"

처남이 난감한 표정으로 대답했다.

"그야…… 친구들 만나서 술 마시고, 여행 다니고, 또 여자친구랑 놀러다니면서 썼습니다."

박 소장이 모두를 바라보았다.

"자, 우리나라 대다수 젊은이들은 돈이란 쓰는 걸로 알면서 자랍니다. 어려서부터 부모님에게 갖고 싶은 것들을 사달라며 조르고, 또 용돈을 받아서 사고 싶은 거 사면서 자연스럽게 돈의 개념을 '쓰는 것'으로 알게 되는 것이지요. 이들은 쓰기 위해 돈을 번다는 표현이 어울릴 정도로 나이가 들수록 씀씀이가 점점 커지게 됩니다."

모두 공감하는 듯 짧게 한숨을 쉬었다. 공 과장 역시 자신의 얘기처럼 느껴졌다.

"자, 이렇게 자란 자녀들이 나중에 취직을 해서 월급을 받았다면 그중 절반 이상을 저축하려고 할까요?"

공 과장이 천천히 고개를 저었다. 자신이 그랬기 때문에 충분히 알 수 있었다.

"우리나라 저축률은 세계 최하위 수준인 2.8%에도 못 미친다고 합니다. 과거 부모세대는 저축만이 미덕이라는 신념으로 소득의 30% 넘는 돈을 모았는데 말이지요. 하지만 이들이 모자람 없이 키운 자녀들은 저축과는 점점 멀어져가는 인생을 살고 있습니다. 바로 경제교육을 등한시한 결과입니다."

공 과장과 아내 은미는 충분히 공감했다. 자녀교육에서 경제개념이라는 것이 이렇게 중요한지 정말 몰랐다.

"이제부터는 자녀를 대학까지 보내는 것으로 부모의 소임을 다 했다는 생각은 버려야 합니다. 우리도 유대인처럼 자녀들이 부자가 될 수 있는 자질을 갖게끔 키워야 합니다."

박 소장은 책상 위에 놓여 있던 주니어 경제잡지 〈머니트리〉를 들고 가장자리에 표시된 부분을 펼쳐 모두에게 보여주었다.

"우리나라에 살면서 경제교육을 잘 시키고 있는 독일인 가정을 인터뷰한 기사입니다."

모두 잡지를 바라보았다. 어머니와 아들로 보이는 모자가 나란히

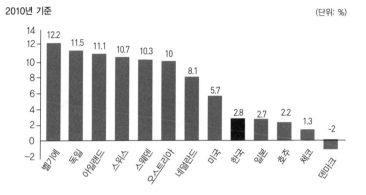

그림 4_ 주요 OECD 국가별 가계저축률

2010년 기준   (단위: %)

웃으면서 찍은 사진을 곁들인 기사였다. 박 소장은 서울독일학교에 다니는 7학년 노아라는 아이의 인터뷰 첫부분을 읽어주었다.

"한 달 용돈으로 4만 원을 받아요. 그 돈은 몽땅 통장으로 들어오죠. 친구들을 만나거나 학용품을 구입하기 위해 용돈을 쓰고 나머지는 저축을 해요. 돈을 모으는 것은 미래를 위해 꼭 해야 하는 일이라고 생각해 꼬박꼬박 모으는 편이에요. 용돈 외에는 부모님께서 1원도 더 주시지 않거든요."

처형은 노아라는 아이의 인터뷰를 들으면서 말했다.

"우리 아이들과는 참 다르네요."

박 소장이 추가로 설명했다.

"독일 부모는 엄격한 교육을 하는 것으로 유명합니다. 노아 엄마가 인터뷰한 말을 들어보세요. '돈을 바로 쓰는 습관을 어릴 때부터 들이지 않으면 어른이 돼서도 독립을 할 수가 없어요. 용돈을 낭비하는 것도, 쓰는 것도 모두 자신의 책임이기 때문에 부모는 한 걸음 멀리서 지켜봅니다.' 이런 식으로 자녀에게 경제교육을 시키는 것은 유대인만이 아닙니다. 독일이나 영국, 미국 등의 선진국 부모들도 이러한 방법으로 자녀를 키웁니다. 올바른 경제관념을 심어주는 것을 자녀교육의 첫 번째 목표로 삼는 것이지요."

모두들 잡지에서 눈을 떼지 못했다. 박 소장의 말대로 선진국에서는 유대인식 경제교육를 마치 의무교육인 것처럼 실천하는 것 같았다. 노아라는 아이는 열네 살이 되면 아르바이트를 해서 용돈을 벌겠다고 했다. 쓰고남은 돈은 당연히 저축하겠다는 다부진 말도 빠뜨리지 않았다. 여러모로 생각을 많이하게끔 하는 기사였다.

자녀를 부자로 키울
최고의 선물
_두 개의 통장

　박 소장의 설명을 듣고 한참을 생각하던 처형이 질문을 했다.

　"소장님 말씀대로 아이들에게 올바른 경제관념을 심어주기 위해 유대인이나 선진국 부모들이 행하는 교육방식이 좋기는 하지만 당장 우리나라에서 실천하기에는 한계가 있다는 생각이 듭니다. 늦게까지 공부하는 애를 일하라고 내보낼 수도 없는 노릇이고요. 우리에게 맞는 방법이 없을까요?"

　모두 공감하는 표정으로 박 소장을 바라보았다.

　"옳은 지적입니다. 여러모로 한계가 많은 게 사실입니다. 그럼 유대인식 경제교육의 장점을 최대한 살리면서 우리나라 실정에 맞는 간단하고 효과가 좋은 방법을 알려 드리지요."

아내 은미와 처형은 얼른 메모할 준비를 했다.

한국 실정에 맞는 경제교육 방법은?

"오늘 집에 가시거든 자녀를 위한 두 개의 통장을 만드시기 바랍니다."

"두개의 통장이요?"

아내 은미가 되물었다.

"하나는 용돈을 넣기 위한 일반통장이나 CMA 계좌를 만드는 것이고, 또 하나는 자녀자립금을 위한 펀드 계좌를 만드는 것입니다. 한마디로 '용돈 통장'과 '자립금 통장'을 만드는 것이지요."

처형과 아내가 얼른 받아적었다.

"앞으로 자녀가 초등학생 4학년이 되는 시기부터 용돈을 반드시 주기 바랍니다. 절대로 기분 내키는 대로 준다든지 이 달에는 돈이 없으니까 못 주겠다는 식으로 주면 안 됩니다. 용돈 액수는 얼마가 적합한지 자녀와 상의해서 결정하기 바랍니다. 만일 형제들이 있다면 형평성을 고려해서 정하는 것도 중요하고요. 매달 정해진 날짜에 용돈 통장에 넣어주면 됩니다.

유대인처럼 일을 한 대가로서 용돈을 준다면 더할 나위 없이 좋겠지만 학업량이 많은 우리나라 정황상 그렇게 할 수는 없겠지요.

대신에 부모로부터 받은 용돈을 잘 쓰고 모으게끔 습관을 들여주
면서 경제관념을 심어준다면 좋은 효과를 볼 수 있습니다. 귀찮다
고 해서 절대 현금으로 주면 안 됩니다. 어른도 현금을 갖고 있으
면 알게 모르게 금세 써버리듯이 아이도 어디에 쓰는 줄도 모르고
써버리게 됩니다. 용돈 관리도 안 될 뿐더러 나쁜 소비습관만 기르
게 되는 거지요."

　"그럼 두 개의 통장 모두 아이 이름으로 만들어줘야 하나요?"

　"그렇습니다. 아이도 어른처럼 돈에 대한 애착이 강합니다. 자기
이름이 적힌 통장을 줘야 더 잘 관리하려 노력하고 함부로 쓰는 것

보다는 모으려 할 겁니다. 또 돈을 찾거나 저축을 하기 위해 은행과 같은 금융기관에 자주 드나들게 될 것이고요. 그럼 자연스럽게 경제교육이 이루어지겠지요."

"저희 집은 은행이랑 좀 떨어져 있어서 충동적으로 돈을 쓰는 것도 예방이 되겠네요."

처형이 설명을 덧붙였다.

그러자 이번에는 아내 은미가 물었다.

"첫 번째 통장은 용돈을 넣어주는 '용돈 통장'이라고 하셨고요, 두 번째 통장은 '자립금 통장'이라고 하셨잖아요. 그럼 자립금 통장은 어떻게 활용해야 하나요?"

"자립금 통장은 말 그대로 자녀의 자립을 위한 통장입니다. 가정마다 차이가 있겠지만 우선 매달 10만 원씩 자녀를 위한 적립식 펀드에 가입하는 게 좋습니다. 요즘 증권사들이 자녀를 위한 펀드 상품을 경쟁적으로 출시하고 있으니, 펀드평가사이트인 '모닝스타코리아'나 '제로인'의 홈페이지에 들어가서 비교적 높은 점수를 받은 펀드를 고르면 됩니다.

단, 자녀가 대학에 들어가기까지 5년이 채 남지 않았다면 펀드보다는 은행의 적금을 이용해야 합니다. 펀드는 최소 5년 이상 납입해야 은행이자 이상의 수익을 얻을 수 있는 중장기 상품이기 때문입니다.

자녀자립금 통장에 매달 10만 원씩 부모가 납입해 주고, 자녀에게는 설날 때 받은 세뱃돈이나 친지로부터 받은 용돈 등을 모두 추가 납입하게 하세요. 그리고 부모로부터 받은 용돈 통장에서 쓰고 남은 금액 역시 자신이 직접 자립금 통장에 추가 납입할 수 있도록 하는 거지요. 그런 식으로 돈을 모으는 재미를 붙이면 집 안에서 굴러다니는 잔돈까지 찾아서 넣으려 할 거예요. 돈의 소중함과 저축의 재미를 한꺼번에 느끼는 것이죠."

"아!"

처형의 입에서 탄성이 터졌다.

"펀드에 가입할 경우 분기마다 증권사에서 보내주는 투자보고서가 도착하게 될 겁니다. 이 보고서는 복잡하게 설명되어 있어서 대부분 읽지도 않고 버리게 되는데, 앞으로는 자녀에게 꼭 전달해주시기 바랍니다. 자신의 자립금을 위한 돈이 어떻게 운용되고 있는지 유심히 볼 테니까요. 모르는 용어가 있으면 인터넷을 찾아가며 이해하려고 할 겁니다. 수익률이 좋으면 기뻐하며 그 이유를 궁금해할 것이고요. 반대로 수익률이 나쁘면 속상해하며 채권과 같은 안전상품에 관심을 갖게 될 겁니다. 어려운 경제교육과 더불어 투자 시장의 흐름까지 공부하니, 이것이야말로 일석이조 아니겠습니까?"

박 소장은 본인도 자녀를 위해 이미 실천하고 있는 터여서 더욱 현실감 있게 설명했다.

처형은 참 좋은 방법이라고 생각했는지 손으로 탁자를 탁 치며 고개를 끄덕였다. 열심히 메모를 하던 처형이 손을 들더니 질문을 했다.

"소장님, 저희는 큰애가 초등학교 5학년이에요. 그런데 소장님 말씀을 듣다 보니 당장이라도 이 두 통장을 만들어줘야겠다는 생각이 듭니다. 하지만 매달 10만 원씩 넣어서는 대학등록금을 모으는 건 어림도 없을 것 같아요. 쓰고남은 용돈을 추가 납입한다 해도 얼마 되지 않을 것 같고요."

그 점은 공 과장과 아내 은미도 궁금해하던 참이었다.

대학등록금이 아니라 자녀자립을 도와라

박 소장이 설명을 했다.

"자립금 통장은 대학등록금을 위한 것이 아니라 '자녀자립'을 위한 통장입니다. 우리는 현실적으로 자녀의 대학학비를 모두 내주겠다는 생각을 버려야 하는 시대에 살고 있습니다. 왜 그런지에 대해서는 잠시 후에 계산을 하면서 보여드릴 겁니다. 일반 근로자의 월급으로 내 집을 마련하고, 자녀를 교육시키고, 거기에 자녀 대학등록금까지 마련한다는 건 현실적으로 불가능하다는 걸 알게 될겁니다. 설사 여기까지 어떻게든 했다 쳐도 정작 본인들의 노후준비는 거의 할 수 없기 때문에 더 큰 문제가 생깁니다. 요즘 은퇴가 시작된 베이비붐 세대의 슬픈 현실만 봐도 충분히 이해가 가실 겁니다. 소득이 충분하다면야 문제없겠지만 그렇지 않다면 자녀의 대학학비까지 모두 감당하겠다는 생각은 버려야 합니다. 대신 자녀에게 자립금을 어느 정도 마련해주겠다는 생각으로 바꾸셔야 해요. 자립금을 받은 다음에는 자녀 스스로가 해결하게끔 하는 것이죠."

처형의 얼굴이 갑자기 심각해졌다. 두 개의 통장 얘기를 들으며 밝아진 모습이 어느새 사라지고 없었다.

박 소장이 계속해서 설명했다.

"자립금 통장을 개설하고 자녀가 중학생 정도가 되면 분명하게 말해야 합니다. '이건 엄마 아빠가 네게 주는 마지막 선물이야. 네가 스무 살 때까지 엄마 아빠가 꾸준히 납입을 해서 줄 테니까 이 돈으로 대학을 가도 좋고 네가 하고 싶은 걸 해도 좋아. 돈이 부족하겠지만 그 이상은 네가 책임을 져야 한단다. 더 많이 주고 싶어도 엄마 아빠는 지금부터 노후준비를 해야 하기 때문에 해줄 수가 없구나'라고 하세요.

그럼 자녀도 다 알아듣고 이해할 겁니다. 우리 집의 경제상황을 모를 리 없고, 부모의 노후준비도 중요하다는 걸 알기 때문에 충분히 납득할 거예요. 또 자립금 통장을 불리기 위해 용돈을 더 아껴 쓰면서 납입하려 할 것이고, 그 돈을 잘 활용하기 위한 고민을 할 겁니다. 나중에 이 돈을 받으면 절대로 허투루 쓰거나 함부로 다루지 않고 본인의 미래를 위해 최선의 선택을 하며 쓸 겁니다. 대신 부모는 일단 자립금을 넘겨준 후에는 절대 간섭해서는 안 됩니다.”

곰곰이 듣던 공 과장이 과거를 떠올리며 얘기했다.

“저는 어릴 적 부모님으로부터 ‘어려서부터 너무 돈에 관심을 갖게 되면 어른이 돼서 돈만 밝힌다’는 소리를 자주 들었어요. 그래서인지 지금도 돈을 밝힐수록 돈에 얽매이는 인생을 살지 않을까 하는 걱정이 들거든요.”

“바로 돈에 얽매이지 않기 위해 어려서부터 습관을 들이는 것이지요. 공현우 씨 부모님처럼 우리나라 어른들은 자녀들이 돈, 돈 하는 것을 무척 싫어했습니다. ‘조그만 게 벌써부터 돈을 밝혀서 커서 뭐가 되려고 그러느냐’고 다그치기부터 했지요. 그렇게 자란 아이들은 돈을 소중히 다루고 모으기보다는 쉽게 써버리면서 없애버리려고 합니다. 돈을 밝히면 안 된다고 배웠기 때문에 그렇게 하는 것이지요.

그 결과가 어떤지 공현우 씨는 잘 아실 겁니다. 그러니 이제는 부모부터 생각을 바꿔야 합니다. 자녀들이 돈을 밝히게끔 해야 하고, 집 안에 굴러다니는 동전도 서로 자기 것이라고 우기며 저축하게끔 만들어야 하지요. 돈맛이란 쓰면서 느끼는 달콤한 맛이 아니라 ‘벌고 모으고 불리는 맛’이라는 개념을 어려서부터 확실하게 심어 줘야 해요.”

공 과장은 어릴 적 부모님을 떠올렸다. 아버지는 돈 얘기만 꺼내면 혼을 내셨고, 나중에 크면 돈을 밝혀서는 절대 안 된다고 말씀하셨다.

아내 은미는 '두 개의 통장 = 용돈 통장, 자립금 통장'이라고 쓴 글씨 위에 커다랗게 별표를 했다. 공 과장도 내일 당장 연주를 위해 자립금 통장부터 만들어야겠다고 마음먹었다. 아내 은미도 연주를 경제생활 잘하는 부자로 키워야겠다고 생각했는지 공 과장을 보며 슬며시 웃었다.

자녀학자금의
허상
_부모 노후가 우선이다

　공 과장은 박 소장의 얘기를 들으며 좋은 대학에 보내기 위한 입시교육만을 중시하고 돈과 관련된 경제교육은 멀리하는 우리나라의 교육현실이 씁쓸하게 느껴졌다. 어려서부터 그런 경제관념을 배웠더라면 오늘날 이렇게 돈 때문에 힘들어하지는 않았을 텐데, 여러모로 아쉬운 생각이 들었다. 그래서 연주에게는 반드시 올바른 경제습관을 들여줘야겠다고 마음먹었다.

　잠시 쉬는 시간을 틈타 처형과 아내가 탕비실에서 커피를 타서 가져왔다. 따뜻한 커피가 그리웠던 공 과장이 제일 먼저 한 모금 마셨다. 모두 커피를 마시면서 박 소장의 얘기를 적은 메모지를 다시 한 번 바라보았다. 처남이 적은 메모지에도 깨알같은 글씨가 빼곡히 적혀 있었다. 자녀가 없어서 관심이 없을 줄 알았는데, 뜻밖에도 진지했다.

커피 잔을 내려놓는 처남이 모처럼 질문을 했다.

"소장님, 요즘 들어 등록금이 너무 오르는 것 같아요. 저희 때만 해도 일 년에 많아야 700만 원 정도였거든요. 그런데 요즘에는 천만 원 시대라고 하잖아요."

"그렇습니다. 지난 10년 동안 대학등록금은 물가상승률 대비 2배 이상으로 빠르게 인상되었습니다. 물가상승률이 평균 3%대였으니, 대학등록금은 적어도 매년 6~7%씩 인상된 것이죠. 요즘 대학등록금을 과거 대학 다녔던 시절과 비교하면 그 차이가 어느 정도인지 실감이 날 겁니다."

그때 공 과장이 끼어들었다.

"소장님, 요즘 이슈를 보면 반값등록금이니 하면서 등록금 인하 정책이 자주 오르내리는데요. 이런 분위기라면 앞으로 등록금이 내리지 않을까요?"

"글쎄요. 등록금을 절반 가까이 내린다는 건 현실적으로 어렵지 않나 하는 생각이 듭니다. 지금부터 조금씩 내려서 반값 정도로 낮췄다 하더라도 물가가 그만큼 올라간다면 별 효과가 없을 수도 있고요. 최근 등록금 인상률을 직전 3년간 물가상승률의 1.5배를 초과할 수 없는 '등록금 인상률 상한제'를 실시하면서 연간 5% 정도의 인상률을 기대하고 있지만 이것 역시 두고 볼 일입니다."

단도직입적으로 대학등록금 마련은 불가능하다

이번에는 아내 은미가 나섰다.

"소장님, 좀 전에 대학학비를 마련하는 것이 현실적으로 어렵다면서 미련을 버리라고 하셨는데요. 재무설계를 받아보면 나름대로 방법을 제시해주던데, 왜 어렵다고 하시나요? 그 부분을 좀 설명해주세요."

박 소장은 자리에서 일어나 테이블 옆의 화이트보드로 다가갔다. 박 소장이 검은색 보드펜을 집은 모습을 보니 공 과장은 마치 예전의 머니세미나에 참석한 듯한 기분이 들었다.

모두 의자 방향을 화이트보드 쪽으로 향했다.

"아, 그리고 소장님, 제 딸 연주는 올해 네 살이고요, 앞으로 15년 후 대학에 들어가게 됩니다."

아내가 얼른 말하자 처형은 자신이 물어볼 내용이라는 듯한 표정을 지었다.

박 소장은 화이트보드에 '공연주 4세 15년 후 대학등록금'이라고 큼지막하게 적고 설명을 시작했다.

"현재 천만 원이란 대학등록금이 연주가 대학에 들어갈 15년 후에는 인상률이 반영돼 이보다 훨씬 높은 금액이 될 거란 건 잘 아실 겁니다. 지금까지 인상률이 매년 7% 정도씩 올랐으니 이 정도의 상승률을 가정해 보면 15년 후에는 일 년에 대략 2천760만 원이 됩니다. 4년 동안 내야 한다면 약 1억 1천만 원 정도가 들게 되는 셈이지요."

박 소장이 계산기를 두드리며 설명하자 공 과장과 아내 은미는 1억이 넘는다는 말에 흠칫 놀랐다. 옆에 있던 처형도 놀라긴 마찬가지였다. 처남도 앞으로 결혼해서 자녀를 키우려면 이보다 더 많은 돈이 필요하다는 생각을 해서인지 움찔했다.

"자, 그럼 이 돈을 준비하려면 매달 얼마씩을 모아야 하는지 계산해봅시다."

박 소장은 계산기를 두드리며 금세 계산을 했다. 그러고 나서 결과를 화이트보드에 도표와 함께 적었다.

표 8_ 공연주 4세 15년 후 대학등록금 1억 1천만 원 마련 계획

대학등록금 (15년 후, 4년제)	저축기간	수익률(연복리, 세금, 수수료 제외)	매월 납입금액	납입 원금
1억 1천만 원	15년	7%	약 35만 원	6천300만 원
		10%	약 27만 원	4천860만 원

모두 도표를 자세히 바라보았다.

박 소장은 다시 의자에 앉아 손으로 화이트보드를 가리키며 말했다.

"지금 보이는 도표는 재무설계 계산법으로 산출된 여러분 자녀의 대학등록금 마련 계획입니다. 손은미 씨께서 재무설계를 받아보셨다고 했으니 이와 비슷한 결과를 받았을 겁니다. 이런 수익률을 제시할 수 있는 상품은 주식으로 운용되는 펀드나 변액보험 정도라 생각하시면 됩니다."

아내가 고개를 끄덕이며 맞다는 시늉을 했다.

"대부분 자녀 대학등록금을 마련하기 위해 저축할 때 이런 결과에 의존해서 가입합니다."

처형도 그런 적이 있었는지 고개를 크게 끄덕였다. 박 소장이 단호한 표정을 지으며 얘기했다.

"제시하는 대로 매년 7%의 수익을 낸다 치면 매달 35만 원 가량을 15년 동안 저축해서 1억 1천만 원을 받을 수 있다고 했습니다. 과연 그럴까요? 매년 7%씩 일정하게 수익을 낸다는 보장도 없고 수수료를 얼마나 떼어갈지도 알 수 없습니다. 10년 동안 두세 번 정도 마이너스 수익이 발생하면 수익률은 절반 이하로 줄어들게 됩니다.

즉, 매년 7%의 수익을 기대하며 저축했다 해도 15년 후에 얻게 될 돈은 1억 1천만 원보다 적을 가능성이 크다는 얘기입니다. 그러니 이보다 많은 금액을 매달 납입해야겠지요. 안정적인 4%대의 수익이라면 최소 50만 원씩은 납입해야 합니다."

모두 조용히 박 소장의 말을 경청했다.

"그런데 여기까지는 이론적으로 그렇다 치고 현실에 있어서는 중대한 문제에 부딪치게 됩니다. 바로 이와 같은 돈을 매달 15년간 넣을 수 있을까 하는 문제입니다. 당장 대학등록금이 걱정돼 큰맘 먹고 가입했다 해도 2년을 못 버티고 해약하거나 납입 중지하는 분이 전체 가입자 중 절반이 넘습니다. 이런 상품들은 적어도 7년 이상 납입해야 원금이라도 찾는 장기상품이라서 결국 손해만 보는 것이지요. 현실을 무시한 결정으로 이런 손해를 본 것입니다. 저를 찾아온 수많은 상담자들이 공통적으로 경험한 현상이기도 하고요."

처형이 조용히 말했다.

"저도 두 번이나 가입했다가 해약하고 말았어요."

"자, 현실이 어떤지 공현우 씨 가정을 예로 들어 계산해 볼까요? 어차피 가족분들이니 서로 숨길 것도 없이 편하게 얘기하겠습니다. 공현우 씨는 도시 근로자의 평균이라 할 수 있는 매달 350만 원 가량의 수입이 있습니다. 여기에서 매달 100만 원 정도를 내 집 마련을 위한 비용으로 쓰고 있고, 만약 자동차할부금까지 있다면 적어도 50만 원 정도가 더 들어갑니다. 이제 네 살인 딸이 한 명 있는데 어린이집과 학습지로 50만 원 정도를 씁니다. 만일 자녀가 둘이라면 100만 원이 되겠군요. 생활비는 아무리 아껴 쓴다 해도 최소 150만 원을 쓴다고 하면 350만 원이 금세 사라지고 맙니다. 아니, 적자가 나는군요."

공 과장과 아내가 심각한 표정을 지었다.

"손은미 씨?"

박 소장이 부르자 아내가 움찔 놀라며 고개를 들었다.

"이런 상황에서 연주의 대학등록금을 위해 매달 50만 원이 넘는 금액을 15년이란 세월 동안 저축할 수 있을까요?"

아내는 아무 대답도 못했다.

박 소장이 계속해서 설명했다.

"그럼 재무설계사가 제시하는 대로 부담 없는 수준인 27만 원씩 내면서 10%의 수익을 기대하면 될까요? 이것 역시 15년간 저축할 장담도 못할뿐더러 그런 수익률은 더욱더 장담이 안 되니 현실적으로 불가능할 수밖에 없다고 말씀드린 겁니다. 마음만 앞선 대학등록금 마련 저축은 금융사의 배만 불려줄 뿐 가정은 중도해지로 인한 쓰디쓴 손실만 맛보게 되는 것이지요.

그러니 자녀들에게 대학등록금을 대주겠다는 생각은 일찌감치 버리고 조금 전 말씀드린 자녀자립금 마련에 집중해야 합니다. 만일 우리 집 수입에서 내 집 마련, 노후준비를 하고도 저축할 여력이 충분히 있는 가정이라면 문제가 없겠지요. 그런 가정이라면 얼마든지 대학등록금을 저축해도 상관없습니다."

박 소장은 스크린 위에 얼마 전 통계청에서 발표한 '표준 한국인의 소득과 지출 규모' 표를 띄우고 그동안 머니세미나를 하면서 조사한 '도시 근로자의 평균적인 지출형태 자료'를 모두에게 나누어 주었다.

표준 한국인의 소득과 지출 규모

구분	1991년	2011년
가구원 수(명)	3.99	3.36
가구주 연령(세)	39.11	45.58
월 근로소득(만 원)	90.0	356.2
월 가계지출(만 원)	81.8	325.3

자료: 통계청

표 9_ 도시 근로자의 평균적인 지출형태

수입	가계 총소득	350만 원	비고
	내 집 마련	100만 원	대출이자 포함
	생활비	150만 원	관리비, 보장성 보험료 포함
지출	자동차 구입	50만 원	2000cc
	자녀교육비	50만 원	1인당
	합계	350만 원	
	남는 돈	0	저축 가능 금액

자료: 머니앤리치스 경제연구소, '2010년 도시 근로자의 지출형태' 자료에서 발췌

　공 과장은 박 소장의 얘기가 대한민국 부모들의 일반적인 현실이란 게 실감이 났다. 자료를 보며 모두 남의 일 같지 않은 듯 진지한 표정을 지었다. 박 소장은 추가로 도표를 작성하기 시작했다.

　작성을 마친 박 소장이 설명했다.

　"공현우 씨 가정의 경우, 생활비에서 최대한 20%를 줄여 30만 원의 저축 여력을 만들었습니다. 이때 선택할 수 있는 대안은 비교적

표 10_ 자녀학자금 vs 노후자금 & 자녀자립금

수입 350만 원			
생활비를 150만 원에서 120만 원으로 20% 줄여 30만 원의 저축 여력이 생겼을 경우 (줄일 수 있는 최대치를 가정)			
A안		B안	
저축 목적	학자금 저축	저축 목적	노후자금
매월 저축금액	30만 원	매월 저축금액	20만 원
저축기간	15년	저축기간	20년
저축상품	4% 복리저축	저축상품	4% 복리저축
15년 후 자녀학자금	7천407만 원	20년 후 노후자금	7천360만 원
		저축 목적	자녀자립금
		매월 저축금액	10만 원
노후자금	0 원	저축기간	15년
		저축상품	4% 복리저축
		15년 후 자립금	2천469만 원
학자금 7천407만 원을 확보하게 되나 노후자금은 전혀 준비를 못함		학자금은 준비를 못했으나 7천360만 원의 노후자금과 2천469만 원의 자녀자립금을 준비함	

안정적인 4%의 복리상품입니다. 첫 번째 A안은 손은미 씨가 걱정하는 대학등록금을 마련하기 위한 방법입니다. 15년 후 총 7천400만 원 정도가 모아졌습니다. 아쉬운 건 이렇게 모았어도 1억 1천만 원이라는 4년간의 등록금에는 많이 모자라 보입니다. 그저 보탤수 있을 정도죠. 여기서 생각할 점은 정작 중요한 노후자금은 전혀 마련하지 못했다는 점입니다.

학자금만 모은 부모

노후자금과 자녀자립금을
동시에 준비한 부모

두 번째 B안을 보면 노후자금과 자녀자립금을 위한 대안입니다. 은퇴시점까지 20년 동안 저축할 경우 7천300만 원 정도의 노후자금 마련과 15년 후 2천500만 원 정도의 자녀자립금을 준비했습니다. 물론 이 정도 노후자금으로는 넉넉하진 않지만 이것마저 없는 경우와는 완전히 다르겠지요. 또한 2천500만 원이란 자립금도 결코 적은 돈이 아니라는 것입니다."

모두 진지하게 도표를 바라보았다.

공 과장은 왜 박 소장이 대학등록금 마련이 불가능하다고 했는지 확실히 알 수 있었다.

"이제부터 선택은 여러분 몫입니다. A안이든 B안이든 선택은 자

유지만 다가올 현실을 생각한다면 B안을 선택하시는 게 현명한 결정입니다."

모두 박 소장의 말에 수긍하는 기색이었다.

박 소장은 마무리를 하려고 했다.

"자, 지금 보이는 도표가 오늘의 결론입니다. 이 결론을 말씀드리기 위해 유대인의 경제교육 방법부터 자녀를 위한 두 개의 통장까지 많은 내용을 설명드렸습니다. 여러분은 더 이상 대학등록금마련에 미련을 갖지 말고, 자립금만으로 대학졸업이 어렵지 않겠냐는 걱정도 하지 말고, B안을 꾸준히 실천하면 됩니다. 자녀에게는 자연스럽게 경제교육이 이루어질 것이고 자립심도 강해질 겁니다. 대학에 가서도 장학금을 받든, 아르바이트를 하든 스스로 헤쳐나갈 겁니다. 혹은 자립금으로 사업을 할 수도 있겠지요. 이렇게 자란 아이들은 반드시 부자가 되는 습관을 얻게 될 겁니다."

자녀 대학보다 부모 노후가 우선이다

박 소장이 잠시 시간을 두더니 한마디를 더했다.

"아이들은 대학까지 보내준 부모의 감사함보다는 노후준비 안 된 부모의 무능함을 더 따지게 된다는 것을 명심하시기 바랍니다."

정곡을 찌른 한마디였다.

박 소장의 긴 설명이 끝나자 모두 표정이 밝아졌다. 처형은 가슴을 어루만지며 마음의 평온을 찾은 것 같았다. 공 과장과 아내 은미도 연주를 위해 무엇을 해줘야 할지 분명히 알 수 있을 것 같았다. 처남도 당장 아르바이트를 시작해서 계획해 준 대로 대출금을 갚고 자기계발을 위해 매달 투자할 것을 다짐했다.

공 과장은 대학등록금에 대한 미련을 버리고 자녀에게 용돈 통장과 자립금 통장을 만들어주라는 말, 그리고 부부의 노후가 가장 중요하다는 말을 마음 깊이 새겼다.

시계를 보니 벌써 오후 3시에 가까웠다. 공 과장과 일행은 박 소장에게 감사의 인사를 하며 다음에 또 만나고 싶다는 말을 전했다. 모두 자리에 일어서자 출입문이 쾅 열리면서 손님이 들어왔다. 아마 3시에 예약된 손님인 듯했다.

공 과장이 출입문 쪽으로 나가면서 보니 낯익은 얼굴이었다. 바로 몇 년 전 머니세미나에 함께 참석했던 단짝 고바우 아저씨였다. 가끔씩 만나서 소주도 한잔하며 친하게 지냈던 터라 반갑게 포옹하며 인사를 했다. 고바우 아저씨는 지나가는 길에 들렀다고 말했지만 어두운 표정을 보니 뭔가 고민이 있어서 온 게 분명해보였다. 공 과장은 미소를 지으며 고바우 아저씨도 오늘 자신이 그랬던 것처럼 희망을 되찾는 좋은 시간을 갖길 바랐다.

주차장을 빠져나온 공 과장의 빨간색 승용차가 마치 최첨단 스포츠카라도 되는 양 힘차게 앞을 향해 달려나갔다.

내 아이를 위한 똑 소리 나는 경제교육은?

1. 자녀자립금, 똑똑하게 모아라

자녀자립금을 위한 통장 개설 시 반드시 자녀 명의로 해야 증여세 절세 효과를 볼 수 있습니다. 현행 세법에서는 만 19세까지는 10년 단위로 1천 500만 원씩, 20세 이후에는 3천만 원까지 증여세 공제 혜택이 있습니다. 공 과장의 경우 4세 된 연주에게 매달 10만 원씩 저축할 경우, 9세까지 납부한 600만 원에 대해서 면세를 받을 수 있고, 이후 19세까지 납부한 1천200만 원에 대해서도 면세를 받을 수 있습니다.

만약 자녀를 위해 모아둔 자립금이 1천500만 원을 넘을 경우, 19세에 1천 500만 원까지 증여하고 남은 금액은 20세 이후에 증여하는 것이 무거운 세금을 피해가는 방법입니다.

2. 어린이펀드 개설, 이렇게 하세요

주민등록증이 없는 미성년자의 경우 실명 확인이 되지 않아 직접 펀드에 가입할 수 없으므로 부모가 주민등록등본을 가지고 자녀와 함께 금융기관을 방문해야 계좌 개설이 가능합니다. 어린이펀드 대부분은 월 10만 원부터 납입이 가능하므로 최소 금액으로 시작해서 점차 금액을 늘려가는 것이 좋습니다.

3. 자녀를 위해 반드시 지켜야 할 용돈 6계명

1. 자녀에게 준 용돈을 다시 달라고 하면 안 됩니다.
2. 맞벌이 부모라고 미안한 마음에 용돈을 더 주면 아이에게 독毒이 됩니다.
3. 어떤 물건을 사달라고 조르면 물건 값의 20%를 모으면 나머지를 보태주겠다고 흥정하기 바랍니다.
4. 소비 전에 물건구입 계획서를 쓰게 하는 습관을 들여야 합니다.
5. 자녀가 용돈 기입장이나 통장에 지출내역을 적어 스스로 지출관리를 하는 습관을 들여주세요.
6. 용돈 이외의 돈은 절대로 주지 않아야 합니다.

참고: 미래에셋투자교육연구소

4. 유용한 어린이 경제교육 사이트

● 한국은행 경제교육 http://www.bokeducation.or.kr

'어린이 경제마을/청소년 경제나라/대학생ㆍ일반인 경제세계'의 세 개 파트로 나누어 누구나 자신의 수준에 맞는 경제교육을 받을 수 있습니다.

● 기획재정부 어린이ㆍ청소년 경제교실 http://kids.mosf.go.kr

어린이와 청소년을 상대로 실시하는 경제교실.

● 금융교육 홈페이지 http://edu.fss.or.kr

금융감독원이 만든 금융교실.

공 과장 부부는 평소 노후문제를 걱정하시던 장모님
을 모시고 박원국 소장이 여는 노후를 위한 머니세미
나를 듣게 된다. 박 소장은 생활비와 병원비를 동시
에 해결할 수 있는 '5층 은퇴빌딩'과 더불어 은퇴자
의 노후자금 마련 방법을 알려준다.

● ● ● ● ● ● ● ● ● ●

4장

내 인생 후반전을
더 행복하게

★ 노후준비 세미나

박 소장의
노후를 위한
머니세미나

박 소장과의 만남이 있은 지 일주일이 흘렀다.

오늘은 장모님의 생신이라 온 가족이 이른 저녁에 처갓집에 모였다. 처남만 자리에 없었다. 처남은 대형마트에 풀타임으로 근무를 하고 있었다. 박 소장을 만난 다음날 인사담당자를 찾아가서 근무를 자청했고, 그 후로 아침부터 밤늦게까지 풀타임으로 근무하기 시작했다.

처남이 일을 해서 그런지 장모님의 얼굴이 무척 밝아 보였다. 비록 아르바이트이긴 하지만 집에서 맥없이 있지 않고 나가서 일을 한다는 자체가 좋으신 것 같았다. 장모님이 식사를 하는 도중에 처남 얘기를 꺼내며 '이렇게 일하다 보면 좋은 직장도 생기겠지'라고 말씀하시자 아내도 웃으면서 맞장구를 쳤다. 가족끼리 이렇게 화목한 자리는 참으로 오랜만이었다.

처형과 아내는 며칠 전 자녀자립금 통장을 함께 만들었다. 공 과장 부부는 매달 10만 원씩 꾸준히 납입을 하고 여유가 되는 한 추가 납입을 해서 연주가 성인이 되었을 때 최대한의 자립금을 물려주기로 했다.

식사를 마치고 후식으로 과일과 함께 커피를 마시면서 장모님은 지난번처럼 노후에 대한 얘기를 꺼내셨다. '가진 거라곤 집 한 채뿐인데 앞으로 어떻게 살아야 하냐'고 한숨 섞인 말씀을 하셨지만 아무도 만족할 만한 대답을 하지 못했다.

공 과장 부부와 처형은 지금 부모님에게 닥친 노후문제가 남의 일 같지가 않았다. 공 과장도 아무리 길어야 20년 후면 은퇴라는 운명을 받아들여야 하기에 섬뜩하기까지 했다.

아침 일찍 출근한 공 과장이 메일함을 열어보니 오랜만에 머니세미나 동료인 고바우 아저씨로부터 소식이 와 있었다. 굵게 쓰인 〈긴급 공지〉라는 제목이 한눈에 들어왔다.

공 과장은 어떤 내용일까 궁금해하며 메일을 읽었다.

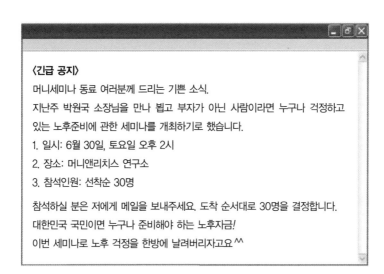

〈긴급 공지〉

머니세미나 동료 여러분께 드리는 기쁜 소식.

지난주 박원국 소장님을 만나 뵙고 부자가 아닌 사람이라면 누구나 걱정하고 있는 노후준비에 관한 세미나를 개최하기로 했습니다.

1. 일시: 6월 30일, 토요일 오후 2시

2. 장소: 머니앤리치스 연구소

3. 참석인원: 선착순 30명

참석하실 분은 저에게 메일을 보내주세요. 도착 순서대로 30명을 결정합니다.

대한민국 국민이면 누구나 준비해야 하는 노후자금!

이번 세미나로 노후 걱정을 한방에 날려버리자고요 ^^

메일을 받자마자 공 과장은 아내에게 메일을 전송했다. 그리고 즉시 메일을 읽어보라고 문자까지 보냈다. 10분 후 아내로부터 답장이 왔다.

참석자: 손은미, 손은희, 손지훈, 그리고 엄마까지 총 4명 출동합니다.

'처남과 장모님까지 4명이나……'

공 과장은 깜짝 놀랐지만 고바우 아저씨께 그대로 참석자 명단을 보냈다. 즉각 답장이 왔다.

온 가족이 출동하시는군요. 저도 가족 4명 모두 참석합니다. 오랜만에 머니세미나를 듣게 되어서인지 벌써부터 기대가 됩니다.

공 과장은 노후를 걱정하시는 장모님도 함께 수업을 들으면 분명 도움을 받으실 거라 생각했다. 시골에 계시는 부모님도 함께 오시면 좋으련만 그러지 못한 현실이 안타까웠다. 수업 내용을 잘 메모해서 부모님께 드려야겠다고 생각했다.

노후를 위한 머니세미나

6월 30일 토요일 오후.

공 과장과 가족들은 들뜬 마음으로 머니앤리치스 연구소 강연장에 들어섰다. 오늘은 특별히 장인어른께서 연주를 맡아주셨다. 처형은 이번에도 알로에 주스와 수제 쿠키를 들고 왔다. 같은 선물을 반복해서 해야 확실하게 자신을 기억할 거라며 앞으로도 계속해서 같은 선물을 사가지고 오겠다고 했다.

고바우 아저씨는 이미 도착해서 아내와 두 명의 딸과 함께 나란히 앞자리에 앉아 있었다. 공 과장을 보자 자리를 맡아놓았다며 손짓했다. 공 과장은 이번에도 머니세미나 때처럼 고바우 아저씨와 나란히 맨 앞줄에 앉았고, 그 뒤로 가족들이 모여 앉았다. 30명이 모이기에는 비좁은 강연장이지만 곧 빈틈없이 자리가 가득 채워졌다. 고개를 돌려 뒤를 바라보니 젊은 사람부터 나이가 지긋해 보이는 어르신까지 다양한 계층의 사람들이 눈에 들어왔다.

오후 2시가 되자 박 소장이 예의 활기찬 걸음으로 강단으로 걸어나왔다. 모두 반가운 표정으로 박수를 쳤다. 박 소장은 손을 들어 환호에 호응해주었다. 박 소장은 초여름 날씨에도 정장을 차려입고 있었다. 박 소장은 밝은 얼굴로 인사말을 건넸다.

"오랜만에 만난다 생각하니 아침부터 설레었습니다. 제가 예상했던 분들이 모두 오셨군요."

박 소장이 청중의 얼굴을 일일이 바라보았다.

"지난달에 고바우 씨께서 저를 찾아오셨습니다. 은퇴가 얼마 안 남았다는 생각이 들었는지 노후에 관한 걱정을 많이 하고 계셨죠. 무려 세 시간이 넘게 상담을 했습니다만 혼자 듣기에는 아까운 내용이라며 노후를 위한 머니세미나를 제안하셨습니다. 오늘 이 자리를 만들어주신 고바우 씨께 큰 박수를 보내주시기 바랍니다."

박 소장의 갑작스런 칭찬에 고바우 아저씨는 머쓱한 표정으로 일어나 인사를 했고, 모두 박수를 쳤다.

박 소장이 본격적으로 강의를 하기 시작했다.

"불과 몇 년 전까지만 해도 은퇴에 관한 강연을 할 때는 참석자 대부분이 은퇴자이거나 은퇴를 앞둔 분이었습니다. 하지만 지금은 절반가량이 젊은 분들이더군요. 오늘처럼 말입니다. 최근 들어 언론에서 은퇴문제의 심각성을 거론하기 시작하면서 그 중요성을 깨닫게 된 것이지요. 하지만 그걸 알면서도 정작 준비하는 분들은 많지 않습니다. 은퇴란 것이 아주 막연한 먼 미래의 일로 생각하기 때문이지요. 엄연히 닥쳐올 현실인데도 말입니다."

분위기가 점점 조용해지면서 청중은 박 소장의 말에 집중했다.

"과거로부터 인간의 꿈은 무엇보다 '오래 사는 것'이었습니다. 오늘날까지도 불로장생의 꿈을 이루기 위해 의학기술 분야가 놀랍게 발전하고 있습니다. 그런데 얼마 전 조사를 보니 뜻밖의 결과가 나왔습니다. 바로 100세 시대를 살아야 하는 현실에 대한 질문인데, 10명 중 7명이 오래 사는 것에 대해 부정적으로 대답했습니다. 인간의 꿈이 이루어지고 있는데, 오히려 그것이 달갑지 않게 느껴지는 사람들이 더 많다는 것이죠. 왜 그럴까요?"

고바우 아저씨가 제일 먼저 대답을 했다.

"그야, 돈이 없어서 그렇겠죠. 돈만 많다면 100세가 아니라 200세까지 살고 싶을 겁니다."

뒤쪽에 앉은 나이 든 분이 또 다른 대답을 했다.

"병들어서 그렇겠지요. 아무리 돈이 많으면 뭐합니까? 몸이 병들었는데 그렇게 힘들게 사느니 차라리 빨리 죽는 게 낫지요."

여기저기서 비슷한 대답이 나왔다.

박 소장이 정리를 하며 얘기를 시작했다.

"모두 맞는 말씀입니다. 대개 노후생활에 대한 두려움은 두 가지로 함축됩니다. 첫째는 죽을 때까지 써야 할 돈, 즉 생활비에 대한 문제이고, 두 번째는 건강에 대한 문제입니다. 이 두 가지만 해결된다면 노후에 대한 두려움은 어느 정도 떨쳐버릴 수 있겠지요."

박 소장이 고바우 아저씨를 바라보았다.

"고바우 씨는 앞으로 은퇴까지 남은 시간이 그리 길지 않으신 것 같은데요. 노후를 위해 매달 얼마씩 준비하고 계신가요?"

고바우 아저씨가 쑥스러운 듯 머리를 긁적이며 대답했다.

"연금보험에 매달 20만 원씩 넣고 있는데, 사실 그것도 벅찰 때가 있습니다. 노후가 걱정은 되지만 '꼭 넣어야 하나'라는 생각이 들 때도 많고요. 은퇴를 위해서라면 넣어야겠지만, 때로는 그 돈을 모아서 주식에 투자하는 게 더 낫지 않나 하는 생각이 들기도 합니다. 참, 그리고 저는 아직 젊습니다. 은퇴까진 아직 멀었다고요!"

고바우 아저씨가 대머리를 쓰다듬으며 장난스럽게 말하자 모두 한바탕 웃었다.

은퇴준비를 못하면 늙어서도 일해야 한다

박 소장도 웃으면서 말했다.

"우리나라 은퇴 현실을 한번 볼까요? 최근 한 언론사에 따르면,

40세 이상 되는 사람들 중에서 은퇴를 대비해서 저축이나 투자를 한다는 사람은 채 절반에도 못 미치고 있습니다. 심지어 평균 저축액이 매달 17만 원에 그치고 있다고 하니, 노후대책은 거의 안 되고 있는 실정이지요. 대부분 노후준비의 필요성에 대해서는 공감하면서도 여유가 생기면 하겠다며 나중으로 미루고 있습니다. 눈앞에 닥친 자녀교육이나 주택 구입만 서두르지 노후준비는 항상 뒷전으로 미루는 게 우리나라 사람들의 공통적인 모습입니다."

모두 박 소장의 말에 고개를 끄덕이며 반응했다.

"얼마 전 미래에셋투자교육연구소가 수도권에 거주하고 있는 은퇴를 앞둔 1955년에서 1963년에 태어난 베이비붐 세대를 대상으로 조사를 했습니다. 이들의 평균 자산은 4억 8천만 원이었습니다. 50대 후반에 4억 8천만 원 정도면 그럭저럭 노후자금으로 괜찮을 거라고 생각하실 겁니다만, 그 4억 8천만 원 중에서 집값이 4억 6천만 원이라는 사실에 문제가 있습니다. 즉, 노후를 위해 쓸 돈은 2천만 원에 불과한 것이지요. 앞으로 50년은 족히 살 수 있는데, 2천만 원으로는 1년도 못 버티는 금액인데다가 행여 집값이라도 떨어진다면 더 큰 문제로 불거질까 봐 노심초사하고 있습니다. 이것이 대한민국 은퇴자들의 현실이죠."

공 과장의 장모님이 한숨을 내쉬었다. 장모님의 입에서 "바로 우리 얘기네요"라는 말이 새어나왔다.

박 소장이 공 과장의 아내 은미를 바라보며 말을 꺼냈다.

　"손은미 씨는 출근길에 지하철에서 서로 무가지 신문을 차지하
려고 싸우는 노인들을 자주 봤을 겁니다."

　아내가 고개를 끄덕였다.

　"혹시 '저 나이에 왜 저러고 사나?' 라는 생각 안 해보셨나요?"

　아내는 아무 대답도 못하고 박 소장을 바라보았다.

　"그분들도 자식들 키우면서 나름대로 열심히 사신 분들입니다.

하지만 현재에만 신경 쓰며 살다 보니 정작 본인의 미래에는 신경을 못 쓴 겁니다. 아니 신경 쓸 겨를이 없었겠지요. 통계청 발표 자료를 보면 60세 이상 노인 중에 60%가 직접 생활비를 마련하면서 살고 있다고 합니다. 잘 키워놓은 자식들도 있고 좋은 회사에 다니다 은퇴했는데도 노후 생활비가 없으니 허드렛일이라도 해야 하는 슬픈 인생을 사는 것이지요."

분위기가 숙연해졌다.

"은퇴 후에 일을 하는 것 자체가 나쁘다는 뜻이 아닙니다. 이제 평균수명 100세 시대가 되었기에 앞으로 우리는 은퇴 후에 무려 7만 시간을 보낼 수도 있다고 합니다. 그런데 그 시간을 무료하게 놀면서만 보낼 수는 없는 노릇입니다. 사람은 일을 통해서 성취감을 느끼면서 살아야 정신건강에도 좋고 삶의 보람을 찾을 수가 있습니다. 그래서 저는 은퇴 뒤에도 제2의 직업을 갖는 것이 좋다고 생각합니다. 문제는 성취감이나 보람을 위해서 일을 하는 게 아니라 생계를 걱정하면서 억지로 일해야 하는 상황입니다.

지금 현재 칠순이 넘은 나이에도 생계를 걱정하면서 3D 업종에 종사하는 노인들이 얼마나 많은 줄 아십니까? 3D 업종의 일이 아니어도, 먹고살기 위해서 어쩔 수 없이 일하는 노인들이 생각보다 많습니다. 즉, 은퇴 뒤에도 워킹 푸어Working poor가 되는 것이지요."

박 소장이 잠시 말을 멈추었다.

"잠시 눈을 감아보세요."

모두 눈을 감았다.

"내 나이가 환갑이 넘었다고 생각해 보세요. 어떤 곳에서 어떻게 살고 있고 무슨 일을 하고 있을 것인지…… 먼 미래의 나의 모습이 지하철에서 무가지를 놓고 옥신각신 싸우는 노인의 모습일 수도 있습니다."

사람들의 표정이 점점 굳어졌다. 고바우 아저씨의 입에서 가벼운 탄식이 흘러나왔다. 공 과장도 저절로 한숨이 나왔다. 강의실에는 잔잔한 침묵이 흘렀다.

장수는 이제 가장 큰 공포다

한참 후에 박 소장이 말했다.

"과거에는 가장 큰 공포가 일찍 죽는 것이었습니다. 하지만 이제는 오래 사는 게 더 큰 공포가 되었습니다. 준비가 안 되었다면 말입니다. 일찍 죽고 싶어도 자살하지 않는 한 의학기술의 발전으로 웬만한 병은 다 고쳐버리니 점점 더 오래 살 수밖에 없습니다. 우리나라의 자살률이 세계 1위라는 건 잘 알고 계실 겁니다. 그중에서도 노인들의 자살률이 압도적으로 높다는 걸 잘 아셔야 합니다. 앞서 말한 대로 준비 안 된 노후가 가장 큰 공포이기 때문에 이런 극단적인 선택을 하는 것입니다. 통계 결과에 따르면, 한국 노인들이 가난한 노후를 보낼 가능성이 미국이나 일본의 두 배 이상이라고 합니다."

박 소장이 공 과장 부부를 바라보며 질문했다.

"공현우 씨는 이제 40대를 바라보고 있지요?"

갑작스런 질문에 공 과장은 고개를 끄덕였다.

"그럼 공포의 10년을 맞게 될 겁니다."

"네? 공포의 10년이요?"

공대리가 놀란 듯이 되물었다. 박 소장이 차분하게 답했다.

"공현우 씨 또래는 앞으로 국민연금을 65세가 되어서야 받을 수 있습니다. 정확히 말씀드리면 1969년생부터 65세에 국민연금을 받게끔 법령이 바뀌었습니다. 현재 정년 나이가 평균 55세 정도이니 회사를 떠나서 연금을 받을 때까지 10년 동안 소득 없이 살아야 하는 기간을 '공포의 10년'이라 부르는 겁니다."

공 과장이 놀라는 표정으로 아내를 바라보았다.

"자, 상상을 해봅시다. 공현우 씨가 55세에 은퇴했습니다. 가진 거라곤 집 한 채와 그동안 모아온 몇천만 원이 전부입니다. 10년을 기다려야 얼마 안 되는 용돈 수준의 국민연금을 받을 수 있고, 자녀가 대학에 입학할 시점이기에 목돈 들어갈 일은 계속해서 생깁니다. 자녀가 대학을 졸업했다 해도 취업이 안 됐다면 집에 붙어서 생활비만 축내게 되겠지요. 퇴직을 했으니 대출금을 갚으라며 은행에서는 독촉 전화를 해대고, 부랴부랴 취업하려고 여기저기 이력서를 냈지만 연락 오는 곳은 없습니다……공현우 씨?"

"……네?"

공 과장은 겁에 질린 채로 박 소장을 바라보았다.

"왜 공포의 10년인지 충분히 알겠습니까?"

"……네."

공 과장보다 아내 은미가 더 심각한 표정을 지었다.

"이것이 바로 여러분의 미래가 될 수 있는 대한민국 은퇴자들의 모습입니다. 그렇기 때문에 여러분은 부자가 되려 하든, 재테크를 하려 하든, 무엇을 하든지 간에 은퇴준비를 별도로 반드시 해야 합니다."

공 과장은 '나이 들어서도 돈이 없다면 인생이 얼마나 서글플까' 라는 생각을 했다. 박 소장이 잠시 말을 멈추자 빨간색 스카프를 두른 40대 중반의 여성이 질문했다.

"그런데 소장님, 늙어서 돈 쓸 일이 그렇게 많은가요? 전 아이들 교육비만 없어져도 홀가분하게 살 수 있을 것 같은데요."

박 소장이 대답했다.

"흔히 그렇게 생각합니다. '늙으면 돈 쓸 일도 줄어들고 국민연금과 자녀들이 주는 용돈을 아껴쓰면 되지 않겠냐'고 말이죠. 하지만 현실은 전혀 그렇지 않습니다. 생활비는 줄일 수 있겠지만 이때부터 급격히 늘어나는 병원비 때문에 써야 할 돈은 생각처럼 줄어들지 않습니다."

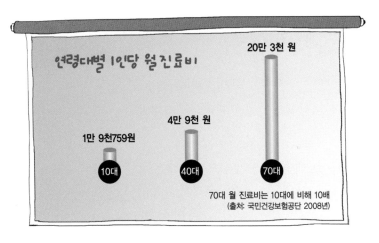

연령대별 1인당 월진료비

20만 3천 원

4만 9천 원

1만 9천759원

10대

40대

70대

70대 월 진료비는 10대에 비해 10배
(출처: 국민건강보험공단 2008년)

박 소장이 스크린에 그림을 띄웠다.

"어떻습니까? 70대 노인의 월진료비가 10대 젊은이의 10배나 나오지요?"

"맞습니다."

이때 나이가 지긋한 70대 어르신이 큰소리로 맞장구쳤다.

"나이가 들어 몸이 약해지면 병에 걸리기도 쉽고, 완치하기까지 시간도 오래 걸립니다. 처음 한두 번 정도는 자식들에게 병원비를 의지할 수 있지만 병이 잦아지게 되면 그것도 못할 노릇이지요. 요즘 노인 중에 아파도 돈이 없어서 병원에 못 가는 분들이 수두룩하다는 뉴스를 익히 알고 계실 겁니다."

모두 심각한 표정을 지으며 고개를 끄덕였다.

"더 이상 말하지 않아도 우리나라의 은퇴현실이 어떻다는 건 잘 아실 겁니다. 그럼 지금부터 이러한 노후문제에서 벗어나기 위해 노후 생활비를 어떻게 마련하고 건강 문제는 어떻게 해결할지에 대한 본격적인 세미나를 시작하겠습니다."

정면에 놓인 프레젠테이션 화면에 불이 켜지면서 '행복한 노후를 위해 준비해야 할 것'이라는 제목이 나타났다.

공 과장은 옆에 앉은 아내의 손을 꼭 붙잡았다.

행복한
노후를 위한
5층 은퇴빌딩

박 소장이 모두를 바라보며 질문했다.

"여러분은 노후 생활비로 한 달에 얼마 정도 필요하다고 생각하십니까?"

"한 200만 원?"

"150만 원만 있어도……."

"그래도 500만 원은 있어야죠."

여기저기서 다양한 의견을 말했다.

"좋습니다. 사람마다 차이가 있을 겁니다. 먼저 노후자금 준비를 시작하기 위해서는 방금 질문한 '은퇴 이후 매달 얼마 정도의 생활비가 필요한가'가 매우 중요합니다. 이를 생각지 않고 무작정 매달 20만 원 또는 50만 원씩 연금에 넣게 된다면 시간이 지나면서 이 돈이 노후자금에 얼마나 기여할지 모르기 때문에 쉽게 해약할 수가 있습니다. 그리고 무작정 연금만을 믿다가 정작 노후에는 생활비가 부족할 수도 있는 상황이 닥칠 수도 있지요."

공 과장은 몇 년 전 연금을 깼던 기억을 떠올렸다. 아내도 똑같은 생각을 했다.

"그래서 노후자금 준비의 순서는 은퇴 이후에 얼마의 생활비가 필요할지를 먼저 정한 다음 어떤 방법으로 그 돈을 마련할지를 선택해야 하는 겁니다. 대다수가 거꾸로 실행하기 때문에 제대로 노후자금을 마련하지 못하는 거죠."

박 소장이 프레젠터 버튼을 누르자 스크린에는 '은퇴빌딩'이라는 글씨가 나타났고, 그 아래에 5개 층으로 나뉘어진 빌딩처럼 생긴 구조물이 나타났다.

"그럼 지금부터 어떤 식으로 노후준비를 해야 할지 '5층 은퇴빌딩'을 통해서 알아보겠습니다. 여기에는 앞서 말씀드렸던 노후 생활비와 병원비 문제를 해결하기 위한 방법까지 포함되어 있습니다. 누구나 이 은퇴빌딩을 짓는다면 노후준비는 걱정하지 않을 정도로 갖춰지게 됩니다."

모두 메모지를 꺼내서 '5층 은퇴빌딩'이라 적고 필기할 준비를 시작했다.

은퇴빌딩의 1층은 국민연금

박 소장이 천천히 얘기를 꺼냈다.

"먼저 '5층 은퇴빌딩' 중 1층에서는 노후에 쓸 용돈을 받을 것입니다. 바로 국민연금을 통해서 말이지요."

50대 중반으로 보이는 점잖아 보이는 남성분이 조용히 손을 들며 얘기했다.

"소장님, 저는 노후자금으로 국민연금만을 바라보고 있습니다. 그런데 국민연금을 용돈으로 쓰라는 얘기가 이해되지 않는군요."

모두 박 소장을 바라보았다.

"우리나라 국민의 70% 이상이 노후준비를 전혀 안 하거나 국민연금만을 의존하고 있습니다. 여러분이 기대하는 국민연금, 과연 얼마나 받을 수 있을까요? 본인이 받게 될 연금액이 얼마인지 아시는 분 손을 들어보시기 바랍니다."

몇 사람이 웅성거리며 손을 들었다. 공 과장은 작년에 국민연금관리공단에서 보내준 우편물에서 예상 수령액이 80만 원가량 될 거라는 통지서를 본 기억이 떠올랐다.

박 소장은 화면에 국민연금에 관한 신문기사를 올렸다. 기사 제목은 '베이비부머 국민연금 평균 월 45만 원'이라고 큼직하게 씌여 있었다.

뒤쪽에서 공 과장 장모님의 목소리가 들려왔다.

"저것 봐라, 네 아버지도 20년 넘게 넣었어도 겨우 60만 원도 안 된다. 국민연금만 믿고 있던 사람들이 전부 우리처럼 살고 있을 게다. 힘들게 일하면서 말이다."

아내 은미에게 한 말이 모두에게 들릴 정도로 크게 울려퍼졌다.

박 소장은 스크린에 '국민연금 보험료 및 연금액' 도표를 띄워서 보여주며 설명했다.

국민연금 보험료 및 연금액
(30년 가입 기준)

월소득	연금보험료(9%)	노후연금액
23만 원	2만 700원	23만 원
106만 원	9만 5천400원	46만 190원
208만 원	18만 7천200원	62만 2천940원
308만 원	27만 7천200원	78만 2천510원
375만 원	33만 7천500원	88만 9천230원

자료: 통계청

"도표에 나타난 노후 연금액을 보면 생활비로 턱없이 부족하다는 걸 아실 겁니다. 국민연금이 이처럼 적은 건 보험료 상한선을 33만 7천500원으로 정했기 때문입니다. 소득이 늘어서 더 넣고 싶어도 그럴 수 없는 것이죠. 공무원 연금의 경우 상한선 없이 소득에 비례해 넣기 때문에 정년 퇴임한 공무원의 경우 200~300만 원 가량의 연금을 받는 것에 비하면 턱없이 낮은 수준이라 할 수 있습니다. 앞으로 연금법이 개정되더라도 연금액이 이보다 줄으면 줄었지 더 늘지는 않을 겁니다. 그래서 국민연금을 용돈 정도로만 생각하시라고 말씀드린 겁니다. 생활비는 별도로 준비하셔야 합니다."

질문했던 남성은 걱정하는 기색이 역력했다.

이번에는 처형이 질문했다.

"소장님, 연금법이 바뀌면서 소득이 없는 주부도 가입이 가능하다고 들었는데요. 저 같은 주부도 국민연금에 가입하는 게 좋을까요?"

"소득이 없는 주부는 '임의가입제도'로 국민연금에 가입할 수 있습니다. 납입 보험료는 최소 8만 9천100원부터 33만 7천500원까지 선택할 수 있죠. 국민연금의 최대 장점은 연금을 받을 때 매년 물가상승률에 맞춰 연금액을 늘려준다는 점입니다. 국민연금만의 혜택이지요. 연금에서 물가상승률은 매우 중요합니다. 30년 전에 자장면 값이 350원이었다고 하니, 현재의 5천 원과 비교한다면 물가에 따른 돈의 가치가 얼마만큼 차이가 나는지 예상이 될 겁니다. 이렇게 물가에 비례해 지급하는 국민연금은 반드시 가입해야 합니다. 아직 국민연금에 가입이 안 되었다면 부담이 없는 선에서 꼭 가입하시기 바랍니다."

창가에 앉은 모자를 쓴 40대 초반의 여성이 손을 들며 질문했다.

"저는 결혼하기 전 5년 정도 회사를 다니면서 국민연금을 넣었다가 그 이후로는 회사를 그만두면서 납입을 중지했습니다. 그동안 넣은 연금액은 어떻게 되는지 궁금합니다. 또 국민연금에 다시 넣을 수 있나요?"

박 소장이 고개를 끄덕이며 대답했다.

"물론입니다. 국민연금은 20년 납부가 원칙입니다. 사정이 생겨서 20년간 납부하지 못했더라도 10년 넘게 돈을 넣었다면 연금을 받을 수 있습니다. 단, 1년에 5%씩 줄어든 연수만큼 가감해서 연금이 지급됩니다. 만일 10년을 못 넣었다면 연금 개시점에서 '반환일시금'이라는 명목으로 그동안 넣었던 원금에 이자를 더해서 한꺼번에 받을 수 있으니 걱정 안 하셔도 됩니다."

대부분 국민연금에 가입되어 있고, 국민연금에 대한 긍정적인 언론 기사가 자주 나와서인지 모두 관심을 보이면서 질문이 쏟아졌다. 박 소장은 아직 가입이 안 된 사람은 꼭 가입할 것을 다시 한 번 강조하면서 화이트보드에 〈국민연금 = 노후의 용돈〉이라고 큼직하게 썼다.

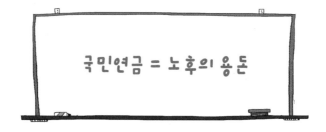

2층에는 퇴직연금, 3층에는 개인연금

"그럼 2층에는 어떤 것이 들어가나요?"

앞줄에 앉은 고바우 아저씨가 재촉하듯 물었다. 지난달 박 소장에게서 은퇴빌딩에 관한 내용을 들어 익히 알고 있었지만 고바우 아저씨는 티내지 않고 요령껏 질문하며 분위기를 이끌었다.

박 소장이 대답했다.

"1층에서 국민연금을 통해 용돈을 받았다면 2층과 3층에는 생활비를 위한 연금을 입주시킬 겁니다. 2층에는 퇴직연금, 그리고 3층에는 개인연금이 들어가지요."

모두 박 소장의 말을 받아 적었다.

"퇴직연금은 직장에 따라 가입된 곳도 있지만 아직까지 가입이 안 된 곳이 더 많습니다. 의무 가입으로 법령이 바뀌고 있는데, 사업주의 의지에 따라 가입 여부가 결정되는 현실 때문인지 좋은 제도임에도 가입자가 그리 많지는 않습니다. 퇴직연금에 가입된 분이라면 1차적인 생활비 조달원을 확보한 셈이니, 회사를 떠나더라도 반드시 만기까지 채우셔야 합니다.

우리나라 근로자들은 평균 5~6년마다 직장을 옮겨다니는데, 이때 그동안 쌓아온 퇴직연금을 찾아 쓰는 경우가 대부분입니다. 시간이 지나 돌이켜 보면 어디에 썼는지도 생각 안 날 정도로 그냥 써버리기 일쑤지요. 사실 이 돈만 잘 모았어도 노후 생활비에 큰

보탬이 될 텐데, 좋은 기회를 날려버린 것입니다. 앞으로 퇴직연금은 '없는 돈'이라 치고 계속해서 유지하시기 바랍니다."

조용히 있던 처남이 박 소장과 눈이 마주치자 마침 궁금했던 것을 질문했다.

"저기 소장님, 저는 아르바이트라 퇴직연금에 해당이 안 되지만 친구들을 만나보면 정규직인데도 퇴직연금 시행을 안 한다며 회사에 불만이 많습니다. 퇴직연금에 가입이 안 된 사람은 1차적인 생활비를 위해 2층에 어떤 것을 준비해야 하나요?"

박 소장이 미소를 지었다.

"좋은 질문입니다. 퇴직연금에 가입이 안 된 분이라면 2층에 별도의 개인연금을 넣어야 합니다. 3층에도 개인연금을 넣어야 하니, 두 개의 개인연금을 갖게 되는 것이죠."

이번에는 공 과장이 질문했다.

"어차피 같은 연금이라면 한 곳에 몰아넣는 게 낫지 않나요? 관리하기도 편할 것 같은데요?"

주변에 몇 사람이 수군거리며 공 과장의 말에 동의했다.

"개인연금을 두 개로 나눈 건, 연금을 넣을 때 순서가 있기 때문입니다. 결혼한 분들의 경우 아내가 먼저 개인연금에 가입해서 2층에 넣고, 그런 다음 남편의 개인연금을 3층에 넣는 것이죠. 만약 2층에 퇴직연금이 남편 명의로 들어 있다면 3층에는 아내 명의의 개인연금이 들어가는 것입니다. 혹시 개인연금을 남편에게 몰아서 가입하면 나중에 큰 문제가 생길 수 있습니다."

고바우 아저씨가 질문했다.

"저희는 연금을 모두 제 이름으로 넣고 있습니다. 어떤 문제가 생기는지 궁금합니다."

박 소장이 대답했다.

"여러분도 잘 알다시피 여성의 평균수명은 남성보다 7년 정도 더 깁니다. 만약 부인이 3년 연하라면 홀로 10년을 더 오래 살아야 한다는 거죠. 독거노인의 가장 큰 문제는 혼자 남은 할머니가 남편이 남겨놓은 연금을 타는 경우가 많지 않다는 사실입니다. 국민연금을 타는 분 중에서 여성은 채 40%도 안 된다고 합니다. 그 돈은 대부분 남편이 받던 국민연금을 유족인 부인에게 지급하는 유족연금인데, 그 금액이 30~40만 원에 불과하니 생활하기에는 턱없이 부족하지요. 남편을 내조하고 살림하고 자녀들 뒷바라지하느라 평생을 보낸 주부들이 정작 본인의 미래에 대해서는 전혀 준비를 못한 것입니다. 대부분의 가정을 보면 국민연금도 남편, 퇴직연금도 남편, 그리고 개인연금까지 남편 명의로 되어 있습니다. 그래서 부인이 유족이 되는 순간부터 쪼들리는 생활을 할 가능성이 큽니다. 따라서 개인연금은 평균수명이 긴 부인이 먼저 가입하는 게 당연한 순서입니다. 이런 문제를 남편분들이 깨닫고 미리 나서서 아내를 챙겨줘야겠지요."

박 소장이 남자들을 바라보자 모두 눈빛을 피했다. 공 과장이 눈치를 보듯 아내를 흘깃 바라보았다.

20대로 보이는 젊은 남자가 박 소장을 바라보며 질문했다.

"저희 부모님이 힘들게 사시는 걸 보면서 개인연금에 대해 관심이 많아졌습니다. 그런데 개인연금을 설명할 때 복리 효과를 얘기하면서 빨리 가입하는 게 좋다고들 하는데, 설명을 들어도 잘 모르겠더군요. 소장님께서 연금에 대해서 간략하게 설명 좀 해주셨으면 좋겠습니다."

젊은 처남도 관심을 보이며 자세를 바로잡고 집중했다.

"연금상품의 구조는 복잡해 보이지만 따지고 보면 간단합니다. 연금에 가입해서 매달 낸 보험료에 이자를 합쳐서 목돈을 만들어 놓고 그 돈을 내가 원하는 기간 동안 가령 10년이나 20년 또는 죽을 때까지 쪼개서 받는 것입니다.

연금을 많이 받으려면 보험료를 많이 내든지 아니면 일찍 가입해서 이자 수익을 높이든지 해야겠지요. 연금의 이자 방식은 원금에 이자를 더한 금액에 다시 이자가 붙는 복리이기 때문에 20년 이상 지나야 그 효과를 제대로 볼 수 있습니다. 그래서 일찍 가입하는 게 좋다고 하는 것이죠.

예를 들어볼까요? 35세인 사람이 매월 20만 원씩 연 5%의 월 복리연금에 넣는다면 65세까지 30년간 1억 6천715만 원을 모을 수 있습니다. 25세인 젊은 친구가 동일한 조건에서 40년간 넣는다면 3억 648만 원을 모을 수가 있고요. 이 돈을 쪼개서 연금을 받는다면 25세 시작한 젊은 친구가 10년을 더 넣었을 뿐인데 모은 돈은 두 배가량이 되니 연금액도 두 배로 받을 수 있습니다. 이것이 복리 효과죠. 죄송한 말이지만 현재 45세인 고바우 씨가 이 정도로 모으려면 월급을 모두 넣어도 부족할 겁니다. 그러니 연금은 빨리 가입할수록 유리한 거랍니다."

열심히 듣고 있던 고바우 아저씨가 씁쓸한 표정을 지었다.

아내 은미가 질문했다.

"소장님, 개인연금은 얼마씩 넣는 게 좋나요? 저희 부부는 대출금을 갚느라 계속해서 미루고 있거든요. 소장님 말씀을 들어보니 당장이라도 가입해야 할 것 같은데, 막상 얼마씩 넣어야 할지 모르겠습니다. 결혼할 때부터 넣었던 연금이 있었는데, 집을 사느라 해약하고 말아서 후회가 막심해요."

박 소장이 대답했다.

"아마 개인연금에 가입할 때 가장 고민되는 부분일 겁니다. 노후를 생각하자면 최대한 많이 넣고 싶지만 현실을 감안하면 20만 원도 버겁다고 느껴지지요. 그래서인지 큰 맘 먹고 연금에 가입했다가 2년도 안 돼 해약하는 분이 전체 가입자의 절반에 이른다고 합니다. 10년까지 넣는 사람은 불과 10%도 안 되고요. 그러니 개인연금에 가입할 때는 '매달 얼마를 넣어야 할까'를 고민할 게 아니라 초반에 말씀드렸던 '노후에 필요한 생활비가 얼마인가'를 따져봐서 결정해야 합니다. 질문하신 손은미 씨께서는 은퇴 이후 생활비로 얼마나 필요하다고 생각하십니까?"

"글쎄요. 많으면 좋겠지만 적어도 200만 원 정도면 사는 데 큰 문제가 없을 것 같은데요."

"그럼 200만 원의 생활비를 위한 계획을 세워 봅시다. 먼저 1층의 국민연금에서 남편과 부인이 합쳐 약 100만 원의 연금을 받을 거라 예상된다면 100만 원이 부족합니다. 100만 원을 전액 개인연금을 통해서 준비할지 아니면 집을 소유하고 있다면 주택연금을 통해 일부를 조달하고, 나머지는 개인연금으로 채울지를 결정하고 그에 맞게 연금에 가입해야 합니다. 한마디로 '얼마를 받을 것인가'를 기준으로 개인연금에 가입해야 하는 것이죠."

박 소장은 화이트보드에 공 과장 부부를 대상으로 한 연금계획표를 작성했다.

박 소장은 설명을 시작했다.

"연금은 물가와의 싸움이 될 수 있으므로 현재와 미래의 가치를 잘 따져서 계획해야 합니다. 물가상승률과 금리가 비슷할 경우 30대 중반은 매월 납입하는 보험료만큼 연금을 받을 거라 생각하고, 40대부터는 이보다 적은 금액을 받겠다고 예상하면 되겠습니다."

공 과장은 박 소장의 말대로 물가를 따져보니 내가 낸 돈에 비해 연금으로 받는 금액이 생각보다 적었다. 그제야 물가상승이라는 게 얼마나 무서운 존재인지 알 것 같았다. 개인연금만으로 노후를 준비하려면 매월 100만 원 이상씩 저축해야 한다는 사실에 엄두도

표 11_ 노후 생활비를 위한 연금계획표(공현우 38세, 손은미 35세)

은퇴 이후 필요 생활비 200만 원			
조달 방법			
A안 개인연금을 통한 방법		B안 주택연금을 추가한 방법	
국민연금	100만 원(부부 합산)	국민연금	100만 원(부부 합산)
개인연금	100만 원	주택연금	70만 원
		개인연금	30만 원
매월 연금 저축액: 100만 원		매월 연금 저축액: 30만 원	

1. 60세부터 현재가치 100만 원의 개인연금을 받기 위해서 매달 100만 원 정도의 보험료를 납입해야 합니다.

2. 금리연동형 연금보험 4.5% 기준, 20년간 100만 원씩 납입할 경우 60세부터 약 200만 원의 연금을 종신토록 수령이 가능합니다. 물가상승률을 반영할 경우 현재의 100만 원 가치에도 못 미칠 수 있으므로 최소 100만 원 이상의 보험료를 납입해야 합니다.

---

1. 주택연금의 경우 시세 3억 원, 60세부터 수령할 경우 매월 70만 원가량의 주택연금을 받을 수 있습니다.

2. 개인연금으로 현재가치 30만 원의 생활비를 부담하기 위해서는 A안과 같은 조건의 연금인 경우 약 30만 원의 보험료를 납입해야 합니다.

물가상승률과 금리를 4%로 가정할 때, 30대 중반의 경우

매월 납입하는 현재가치의 연금보험료만큼 연금을 수령한다고 생각하면 됩니다.

– 연금보험료 매월 30만 원 납입, 60세에 매월 60만 원 정도를 수령하지만 물가상승으로 인해 현재의 30만 원 정도밖에 되지 않습니다.

※ 퇴직연금이 없는 경우를 가정한 것입니다. 퇴직연금이 있다면 국민연금과 합친 금액에서 부족한 생활비만큼 개인연금에 가입하면 됩니다.

못 낼 일이라고 단정했다. 그래서 A안보다는 주택연금을 포함시킨 B안이 더 현실적으로 다가왔다.

모두 화이트보드에 적힌 도표를 옮겨 적었다. 박 소장이 부연 설명했다.

"연금에 가입할 때는 이런 식으로 노후에 필요한 생활비를 정하고, 조달할 수 있는 방법을 총동원한 뒤 마지막에 부족한 부분만큼 개인연금으로 채우면 됩니다. 아무 계획 없이 섣부르게 가입하면 여러 가지 이유로 쉽게 깨는 일만 반복될 겁니다. B안의 주택연금은 잠시 후 설명하겠습니다."

열심히 메모를 하던 공 과장 또래의 남성이 손을 들고 질문했다.

"가끔 은퇴 관련 신문기사나 정보들을 보면 노후자금으로 10억 원이 필요하다는 얘기가 가장 많이 나옵니다. 그런데 그런 기사를 볼 때마다 맥이 풀리는데요, 10억 원이 반드시 필요한가요?"

사실 노후자금 10억이란 얘기는 가장 많이 회자되는 말이었다.

박 소장이 대답했다.

"저 역시 그런 기사를 자주 봤습니다. 무슨 근거로 10억이 노후자금의 기준이 되었는지는 모르겠습니다만, 아무래도 노후에 대한 경각심을 일으키기 위한 금융회사의 마케팅 수단이 아닌가 하는 생각도 듭니다. 10억이 있다면야 이자만 받으면서 노후를 즐길 수 있겠지요. 하지만 현실적으로 본다면 일반 근로자들이 노후자금으로 10억을 모아야 한다는 주장은 지나치게 비현실적이라고 생각합니다. 안 그래도 주택 구입이나 자녀교육비 때문에 노후준비는 엄두도 못 내고 있는 실정인데 말이지요. 이런 식의 현실성 없는 노후준비보다는 매달 안정적으로 200만 원가량의 생활비를 받을 수 있도록 만드는 것이 가장 현실적인 방법입니다. 은퇴를 해서 알뜰하게 살아간다면 현재가치로 200만 원 정도면 충분할 겁니다."

조용히 듣고 있던 장모님이 이럴 줄 알았으면 진작부터 준비할 걸 그랬다며 맞장구를 쳤다.

고바우 아저씨가 노트에 뭔가를 계산하더니 얘기했다.

"매달 200만 원씩 나오는 사람은 현금 6~7억 정도를 갖고 있는 사람과 같은 입장이 되네요. 그 돈을 잘 굴리면 매달 200만 원 정도의 이자를 받게 되니까요."

박 소장이 미소를 지으며 수긍했다. 그리고 프리젠터를 클릭했다.

피라미드 모양의 5층 은퇴빌딩에 글자가 나타났다. 1층에는 국민연금, 2층에는 퇴직연금, 3층에는 개인연금이라고 씌어 있었다.

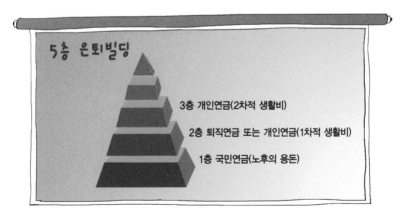

박 소장은 말했다.

"1층부터 3층까지 노후 생활비를 위한 조달 방법을 설명해 드렸습니다. 그리고 이를 통해서 매월 예상되는 생활비를 마련하거나 여력이 된다면 주택연금과 같은 방법도 포함시켜서 함께 준비할 것을 강조했지요. 자, 이제 4층으로 가볼까요?"

잠시 후 프레젠테이션 화면에 다른 그림이 나타났다. 한 노인이 지팡이를 들고 병원을 나서고 있는 사진이었다. 공 과장은 순간 시골에 계시는 부모님 생각에 가슴이 철렁 내려앉았다.

돈 걱정 없이
병원에
가려면

　　모두 화면 속의 노인 사진을 보면서 애잔한 표정을 짓자 박 소장은 분위기를 환기시키며 이야기를 시작했다.

　　"자, 지금까지 5층 은퇴빌딩에서 1층에서는 용돈을 받고, 2층과 3층에서는 생활비를 준비했습니다. 그럼 남은 4층과 5층에는 무엇이 더 필요할까요?"

　　오늘따라 유난히 말씀이 많으신 장모님이 대답했다.

　　"그야 당연히 병원비가 필요하겠죠. 나도 이제 늙었는지 병원에 드나드는 게 예전 같지 않더군요. 병원비도 많이 나오고……. 사진 속의 노인을 보니 남의 일 같지가 않네요."

　　뒤편에 앉은 70대 어르신이 가장 크게 고개를 끄덕이며 수긍했다.

박 소장이 얘기했다.

"맞습니다. 나이가 들면 경제적인 문제 못지않게 건강 문제가 발생합니다. 면역력이 약해지다 보니 병에 걸리기도 쉽고, 사고를 당한다면 크게 다칠 확률이 높습니다. 처음에 한두 번이야 자식들에게 의존하겠지만, 그 이상은 자식들 눈치를 볼 수밖에 없습니다. 차라리 아픈 게 낫지 자식들에게 부담 주는 건 못할 노릇이 되겠지요. 그래서 4층과 5층에는 이런 병원비를 해결할 실손 의료보험과 보장성 보험을 넣을 것입니다."

4층에는 실손 의료보험, 5층에는 보장성 보험

필기를 하던 처형이 질문했다.

"보험의 종류가 참 많잖아요? 그중에서 왜 실손 의료보험을 4층에 넣어야 하나요?"

"실손 의료보험은 내가 지급한 병원비에 대해서 보장을 해주는 보험입니다. 예를 들어 손은희 씨가 사고가 나거나 질병에 걸려 병원비로 50만 원을 썼다면 이중 80~100%를 돌려 받는 것이지요. 지금은 90%를 보장해주지만 과거에 가입한 분이라면 80% 또는 100%를 보장해주니 이는 약관을 통해 쉽게 확인할 수 있을 겁니다. 다른 보험들은 특정한 병에 걸리거나 아니면 수술을 해야 보험료를 받습니다. 하지만 실손 의료보험은 특별한 제한 없이 대부분의 의료 비용에 대해 받을 수 있습니다. 그러니 조금이라도 아프거나 다쳤을 때 편안하게 병원에 드나들 수 있는 장치가 마련되는 것입니다. 그래서 꼭 필요한 보험입니다."

박 소장이 말을 이었다.

"그리고 실손 의료보험은 여러 보험사에 가입했다고 해서 중복으로 보험금을 주지 않습니다. 두 곳 이상 가입하면 돈만 날리는 셈이니, 이 점 꼭 유의하시기 바랍니다."

열심히 메모를 하던 아내 은미가 질문했다.

"제 부모님이 모두 60세가 넘으셨는데도 가입이 되나요? 또 보험료도 비쌀 것 같은데요?"

"보험사마다 다르지만 60세에서 65세까지 가입이 되고 있습니다. 보험료도 5만 원에서 6만 원 정도 되지요. 3년마다 보험료 갱신을 해야 하니, 나이가 들수록 보험료가 오른다는 점도 유념하셔야 합니다."

아내 은미가 계속해서 질문을 했다.

"그럼 실손 의료보험 외에 다른 보험은 필요 없나요?"

박 소장이 대답했다.

"실손 의료보험 외에 더 필요한 보험은 5층에 넣을 보장성 보험입니다. 방금 전 실손 의료보험으로 병원비를 충당했다면 보장성 보험은 병원비 외에 필요한 간병비나 요양을 위한 비용을 마련하는 장치라 생각하시면 됩니다. 병에 걸려 장기간 입원을 해야 할 때 바쁜 자녀에게 간병을 맡길 수도 없는 노릇이고, 퇴원한 후에도 허약해진 몸을 관리하기 위해서 요양이나 건강식품을 먹다 보면 생각보다 많은 돈이 필요합니다. 이때 필요한 돈을 보장성 보험을 통해 해결하는 것이지요."

이번에는 조용히 앉아 있던 처남이 질문했다.

"보장성 보험이라면 암 보험과 같은 것인가요?"

"맞습니다. 보장성 보험은 쉽게 말해서 죽거나 아플 때 보장해주는 보험입니다. 실손 의료보험은 내가 지불한 병원비에 대해서만 받지만, 보장성 보험은 가입 시 지정한 보장에 대해서 설정된 금액만큼 보험료를 받는 겁니다. 예를 들어 암에 걸리면 3천만 원, 수술을 하면 1천만 원, 이런 식으로 병원비가 얼마가 나왔든 상관없이 정해진 금액을 주는 것이죠. 만약 암에 걸렸다면 실손 의료보험으로 병원비를 충당하고, 보장성 보험에서 받은 3천만 원으로 간병인과 요양 비용으로 쓰는 겁니다."

곰곰이 듣고 있던 고바우 아저씨가 질문했다.

"저는 보험을 계속 미뤘거든요. 당장 필요할 것 같지도 않고 세상에서 보험료 내는 게 가장 아깝더라고요."

고바우 아저씨의 말에 몇몇 사람이 동의하는 표정을 지었다.

"보험은 현재가 아니라 나이 들어 허약해질 미래를 위해서 건강할 때 가입하는 겁니다. 고바우 씨처럼 보험 가입을 미루다가 어느 날 가입하려고 하면 나이가 많다거나 병원에 다닌 기록이 있다거나 혹은 건강검진을 해보니 몸이 좋지 않다면서 가입을 거절당할 수 있습니다. 설령 가입이 된다 해도 제한적이거나 비싼 보험료를 내야 할 겁니다. 나이가 들어 '자식보다 더 든든한 게 장롱 속의 보험증권'이라는 사실을 깨우치기 전에 미리 가입해두시기 바랍니다."

고바우 아저씨가 고개를 살며시 끄덕였다.

박 소장이 계속해서 얘기했다.

"이미 보장성 보험에 가입한 분이라면 보험증권을 통해 확인해볼 사항이 있습니다. 먼저 보장기간이 최소 80세까지는 되어야 하고, 암과 같이 비교적 자주 걸리면서 높은 병원비를 요구하는 질병에 대해서는 보장금액이 3천만 원 이상으로 되어 있는지 확인해야 합니다.

불과 10년 전까지만 해도 판매가 되었던 보장성 보험은 대부분 60세나 65세까지 보장된 상품이었고 보장금액도 미미했습니다. 이런 보험에 가입되어 있다면 더 늦기 전에 리모델링을 해야 합니다. 그리고 가족력이 있는 병의 경우 반드시 보장금액을 최대한으로 올려야 한다는 점도 체크할 사항입니다."

5층 은퇴빌딩에 대한 설명이 어느 정도 마무리되자 박 소장은 복습을 시키려는 듯이 질문을 했다.

"자, 그럼 다시 한 번 5층 은퇴빌딩을 정리해 봅시다. 은퇴 이후 최소한의 노후생활을 위하여 은퇴빌딩 1층에는 뭐가 있나요?"

"국민연금이요……."

모두 큰 소리로 대답했다.

"네, 노후에 쓸 용돈을 받기 위한 국민연금입니다. 그리고 2층과 3층에는 무엇이 있죠?"

"퇴직연금과 개인연금이요."

"좋습니다. 바로 생활비를 위한 연금입니다. 아주 중요한 자원이지요. 그러면 마지막 4층과 5층에는 무엇이 있다고 했죠?"

"실손 의료보험과 보장성 보험이요."

모두 큰 소리로 대답하자 박 소장이 밝게 웃으며 대답했다.

"네, 아주 좋습니다. 4층과 5층에는 나이가 들어도 편안하게 병원에 갈 수 있는 보험이 있습니다. 몸이 아프다 싶으면 언제든지 편안하게 병원에 갈 수 있지요. 간병인도 부를 수 있고, 요양 시설도 이용할 수 있고요. 자, 어떻습니까? 처음에 말씀드린 노후문제가 하나씩 해결되는 기분이 드시나요?"

모두 표정이 밝아지며 고개를 끄덕였다.

"5층 은퇴빌딩을 준비하는 데 그리 큰돈이 들지 않습니다. 소득의 20~30% 선에서 이 모든 것을 준비할 수 있지요. 물론 젊을수록 더 적은 금액으로 가능합니다. 지금까지 말씀드린 5층 은퇴빌딩의 중요성을 알면서도 차일피일 미루게 된다면 앞서 얘기한 슬픈 노후현실이 바로 나에게 닥칠 수 있다는 점, 반드시 명심하시기 바랍니다."

"네!"

모두 큰소리로 대답했다.

박 소장이 손짓을 하자 연구소 직원이 용지를 한 장씩 나누어주었다. 박 소장은 5층 은퇴빌딩에 대한 계획을 써보라고 하면서 10분간 쉬겠다는 얘기를 했지만 모두 계획표를 적느라 정신이 없었다.

표 12_ 공현우 · 손은미 부부의 5층 은퇴빌딩(연금계획 B안 선택 시)

5층	보장성 보험	공현우 13만 원, 손은미 10만 원, 공연주 1만 원 (실손의료특약 포함) 가입
4층	실손 의료보험	공현우 3만 원, 손은미 3만 원 가입 (100세 만기)
3층	개인연금	공현우 명의로 개인연금 가입 예정 (보험료 10만 원)
2층	퇴직연금	가입 안 됨, 손은미 명의로 개인연금 가입 예정 (보험료 20만 원)
1층	국민연금	공현우, 손은미 모두 가입 (예상 수령액 100만 원)
합 계		60만 원(개인연금, 실손 의료보험, 보장성 보험 합쳐서 소득 350만 원 대비 17%)

공 과장 부부는 은퇴 이후 생활비를 200만 원으로 정하고, 1층 국민연금에서 100만 원, 그리고 주택담보대출을 모두 갚고 나서 주

택연금을 통해 70만 원을 조달하자고 의견을 나눴다. 나머지 부족한 30만 원에 대해서는 현재 저축할 수 있는 여력이 20만 원이 채되지 않기 때문에 우선 아내 명의로 20만 원씩 개인연금에 가입하고, 소득이 올라가는 내년부터 남편 명의로 10만 원씩 개인연금에 가입하기로 했다. 이후 소득이 늘면 꾸준히 연금저축을 늘리기로 했다. 부부는 당장 이번 달부터 실행하자고 약속했다.

은퇴자를 위한
노후자금
마련 계획

쉬는 시간 동안 경쾌한 클래식 음악이 흘러나왔다. 처음 들어왔을 때 느꼈던 노후에 대한 막연함이 5층 은퇴빌딩을 세우고 나서 서서히 해결되는 것 같았다.

옆자리에 앉은 고바우 아저씨도 부인과 함께 고민하며 5층 은퇴빌딩 표를 작성하고 있었다.

장모님은 강의실 뒤편에서 70대 어르신과 커피를 마시면서 진지한 대화를 나누었다.

잠시 후, 박 소장이 힘차게 걸어나와 강단에 섰다. 박 소장이 나오자마자 장모님이 작심한 듯 손을 들어 질문했다.

"소장님, 사실 제가 여기에 온 목적이기도 한데요. 남편과 저는 국민연금으로 매달 60만 원 정도 받고 있습니다. 그런데 가진 거라곤 30평형(99㎡)대 아파트 한 채뿐이라 생활비가 부족하다 보니 남편은 몸이 좋지 않은데도 일을 나가는 형편입니다. 저희 같은 경우에 남편이 일하지 않아도 안정적으로 생활비를 조달할 방법이 있을까요?"

공 과장은 장모님의 질문을 들으면서 '안 그래도 그 점을 질문해야겠다'고 생각했던 참이었다.

박 소장이 미소를 지으면서 대답했다.

"이미 은퇴를 하셨으니 그동안 모아온 자산으로 계획을 세워야겠군요. 그럼 지금부터는 은퇴자를 위한 노후자금 마련 방법에 대해서 말씀드리겠습니다."

장모님을 비롯해 나이가 드신 분들이 관심을 가졌다.

박 소장이 장모님에게 물었다.

"지금까지 모아온 자산이 어느 정도입니까?"

"음……, 그러니까 지금 살고 있는 아파트가 한 4억 6천만 원 정도 됩니다. 그리고 남편이 퇴직금 받아서 아껴두었던 현금이 2천만 원 있고요. 대출은 없습니다."

"앞서 말씀드렸던 수도권에 거주하는 베이비붐 세대의 평균 자산과 같은 규모이군요."

월세를 받거나 이자를 받거나
_ 오피스텔, 즉시연금

박 소장은 나이가 지긋한 분들을 바라보며 이야기를 시작했다.

"노후자금 마련 방법에 대해서 예를 들어가며 설명해보겠습니다. 은퇴자 김씨는 집이 한 채 있는데 시세가 4억 6천만 원 정도이고, 통장에는 2천만 원가량이 있습니다. 매달 국민연금으로 60만 원가량 받고 있지만 이것 외에 개인연금과 같은 추가 수입은 없는 상태입니다."

박 소장이 장모님을 보며 질문했다.

"한 달에 필요한 생활비가 어느 정도면 되겠습니까?"

"많으면야 좋겠지만 150만 원만 있어도 충분히 살 수 있을 것 같습니다. 지금은 100만 원 조금 넘는 돈으로 살고 있거든요."

"좋습니다. 은퇴 이후 매달 150만 원의 생활비를 마련하기 위해서는 국민연금으로 받는 60만 원 외에 90만 원의 추가 자금을 마련해야 합니다. 집 한 채가 전부이니 선택할 수 있는 방법은 크게 두 가지입니다. 첫째는 현재 살고 있는 집을 팔고 작은 집으로 옮기면서 생긴 차익금을 통해 자금을 마련하는 방법이고, 둘째는 살고 있는 집을 담보로 주택연금을 받는 방법입니다."

"막내만 결혼하면 큰 집도 필요 없을 텐데……."

장모님이 얘기하자 옆에 앉아 있던 처남이 움찔하며 미안해했다.

박 소장이 계속해서 이야기를 했다.

"그럼 기존 아파트를 팔고 작은 집으로 이사를 가든, 전세로 가든지 하면서 생긴 차액으로 만들 수 있는 자금을 먼저 알아봅시다."

박 소장은 화이트보드에 이렇게 적었다.

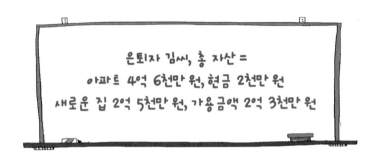

은퇴자 김씨, 총 자산 =
아파트 4억 6천만 원, 현금 2천만 원
새로운 집 2억 5천만 원, 가용 금액 2억 3천만 원

박 소장은 말했다.

"은퇴자 김씨는 현재의 아파트를 팔고 아내와 단둘이 살 수 있는 소형 아파트를 2억 5천만 원에 구입했습니다. 그럼 활용할 수 있는 가용 금액이 2억 3천만 원이 생기게 됩니다."

모두 본인의 이야기인양 심취해서 들었다.

"그럼 2억 3천만 원으로 무엇을 할 수 있을까요?"

"월세를 받는 부동산이 최고 아닐까요?"

"요즘 인기가 좋은 월지급식 펀드에 넣겠습니다."

여기저기서 대답들이 터져 나왔다.

"좋습니다. 여러 가지 방법이 있지만 먼저 임대수익을 올릴 수 있는 수익형 부동산부터 알아보겠습니다. 베이비붐 세대가 본격적으로 은퇴하기 시작하면서 꾸준하게 임대수익을 올릴 수 있는 수익형 부동산이 인기를 끌고 있다는 건 다들 아실 겁니다. 특히 입지가 좋은 오피스텔이나 도시형 생활주택의 경우 경쟁률이 매번 10대 1을 넘길 정도로 인기가 좋습니다. 경매에서도 큰 관심을 받고 있지요."

박 소장이 화이트보드에 〈오피스텔 2억 3천만 원〉이라고 적었다.

"은퇴자 김씨가 수익형 부동산 중에 비교적 임대 수요가 많은 광화문 지역의 오피스텔에 투자하기로 하고 건축한 지 3년쯤 된 오피스텔 18평형(59.4㎡)대를 대출 없이 2억 3천만 원에 구입했습니다. 그리고 인근 시세에 맞추어 보증금 1천만 원에 월 90만 원으로 임대계약을 했습니다. 은퇴자 김씨는 매달 안정적으로 90만 원을 받으며 1년 후에 수익률을 계산해 보았습니다. 집주인이 부담해야 할 비용이 임대인을 찾기 위한 부동산수수료와 연 관리비, 그리고 각종 수리비를 포함해서 평균 월 10만 원 정도가 지출되었습니다. 즉, 매월 80만 원의 순수한 임대수익을 올린 셈이지요. 수익률을 따져본다면 2억 3천만 원을 투자해서 월 80만 원을 받았으니 연 4.2% 정도의 수익이 난 겁니다. 4%대의 은행 금리와 비교한다면 그리 매력적이지 않다는 생각이 들 겁니다."

모두 박 소장의 말을 빼곡히 받아 적었다.

박 소장은 〈오피스텔 2억 3천만 원 = 월수입 80만 원〉이라고 추가해서 적으면서 설명을 계속했다.

"서울 중심 지역의 오피스텔 평균 수익률은 5%대 중반 정도입니다. 여기에 유지 비용을 제하면 4%대로 추락하지요. 게다가 전국적으로 4% 수익도 안 나오는 상가 등 수익형 부동산이 수두룩하다는 사실도 잘 아셔야 합니다. 수익형 부동산을 통해 수익률을 높이려면 경매나 공매, 혹은 급매물을 통해서 최대한으로 구입 비용을 낮춰야만 5%대의 실질 수익률을 얻을 수 있습니다. 그렇다고 무작정 싸게 살 것만 고려하고 임대 수요를 판단하지 않으면 큰 낭패를 볼 수 있습니다. 따라서 구입 비용 못지않게 임대 수요 파악을 반드시 해야 합니다. 임대인이 없어 공실로 비어 있다면 매달 지불해야 할 관리비를 집주인이 내야 하고, 노후 생활비까지 안 들어오니 이때부터 걱정을 달고 살게 되는 것이지요."

"그럼 오피스텔을 고를 때 어떤 지역이 좋은가요?"

열심히 필기를 하던 처형이 질문을 했다.

"서울의 강남이나 종로와 같은 업무 중심 지역이 임대 수요도 풍부하고 전문직 종사자들도 많아서 임대인을 구하기가 좋습니다. 하지만 오피스텔 구입 자금이 상대적으로 많이 들기 때문에 높은 수익률을 기대하기가 어렵지요. 이런 지역보다는 대학교나 업무 중심 지역으로 출퇴근이 용이한 주변 지역의 역세권이 무난하면서 꾸준히 수익을 내는 편이라 이런 지역을 추천하고 싶습니다."

아내 은미가 빠르게 받아적으면서 질문을 했다.

"그럼 수익형 부동산 말고는 어떤 방법이 있나요?"

박 소장이 대답했다.

"요즘 신문에 자주 등장하는 '즉시연금'이란 상품을 많이 들어보셨을 겁니다."

박 소장은 화이트보드에 〈즉시연금〉이라고 적었다.

"은퇴자 김씨가 오피스텔 대신 2억 3천만 원으로 공시이율형 즉시연금 상품에 가입했다면, 상속형 연금으로 수령할 경우 연 4.7%를 기준으로 80만 원가량의 연금을 매달 수령하게 됩니다."

박 소장은 화이트보드에 추가로 〈즉시연금 2억 3천만 원 = 월수입 80만 원〉이라고 적었다.

"오피스텔과 별 차이가 없네요."

70대의 어르신이 큰소리로 얘기했다.

"맞습니다. 부동산이 되든 금융상품이 되든 수익률은 큰 차이가 없습니다. 본인의 성향이나 관심이 어디에 있느냐에 따라 선택이 다를 뿐이지요. 부동산에 관심이 있는 사람은 오피스텔을 통한 임대수익을 선택할 것이고, 이것저것 신경 쓰지 않고 금리에 따르는 수익을 원하는 사람은 즉시연금과 같은 금융기관을 선택하겠지요."

장모님이 진지하게 추가 질문을 했다.

"저는 아직도 어떤 게 더 나은지 잘 모르겠습니다. 오피스텔이나 즉시연금의 장단점을 알려주시면 선택하는 데 많은 도움이 될 것 같습니다."

"오피스텔과 즉시연금에 대한 장단점을 따져보면 오피스텔의 경우 부동산을 소유하고 있다는 만족감이 가장 큰 장점입니다. 우리 정서에는 현금보다 부동산을 더 안정적인 자산으로 생각하고 애착도 강하거든요. 오피스텔 관리도 인근 부동산에 일임하면 임차인과의 문제나 건물 관리 등 웬만한 것들은 다 알아서 해주니까 특별히 신경 쓸 것도 없습니다. 임대 수요만 꾸준하다면 당장에는 큰 문제가 없겠지요.

하지만 시간이 지날수록 건물의 노후화에 대한 문제가 발생합니다. 지금이야 건물이 비교적 새것이라 임대도 잘되고 관리도 편하겠지만, 10년이 지나면 노후로 인해서 관리비도 늘어나고 임차인 구하기도 힘들어질 겁니다. 임대료를 더 낮춰야 하는 문제까지 생긴다면 생계에 지장이 올 수도 있겠지요. 앞으로 30년 이상을 살아야 하는데, 하나의 오피스텔만 바라보고 있을 순 없지요.

그래서 임대수익을 위한 오피스텔 투자는 5년에서 10년 주기로 새로운 오피스텔로 갈아타야 합니다. 갈수록 비싼 가격을 줘야 하기 때문에 자금 사정이 넉넉하면 문제가 없겠지만 그렇지 않다면 지속적으로 경매나 공매를 꾸준히 하면서 저렴하게 구입하는 방법을 찾는 수밖에 없습니다."

장모님이 계속해서 질문을 했다.

"그럼 즉시연금이 오피스텔보다 더 낫다는 얘기인가요?"

"반드시 그렇지는 않습니다. 즉시연금은 오피스텔에 비해서 임대나 관리비 등에 신경 쓸 것 없이 금융회사에서 알아서 매달 꼬박꼬박 연금을 넣어준다는 장점이 있지만 단점도 존재합니다. 지금은 4%대의 금리 수준에서 연금을 지급하지만 금리 하락으로 공시이율이 떨어진다면 연금액이 떨어질 수밖에 없습니다. 그리고 무엇보다 물가에 취약하다는 문제가 있습니다. 상속이 되는 원금 2억 3천만 원을 30년 후에 받는다면 자동차 한 대 가격밖에 되지 않을 수도 있다는 겁니다. 다시 말해 원금 보전은 시간이 갈수록 단점으로 작용한다는 거지요. 반면에 오피스텔과 같은 부동산은 물가상승에 편승될 수 있다는 점에서 대조를 이룹니다."

박 소장의 얘기를 들어보니 노후자금을 위한 오피스텔과 즉시연금 중에서 딱히 어느 것이 낫다고 볼 수는 없었다. 각각 장단점이 있으므로 어느 쪽에 더 관심 있느냐에 따라 선택하면 될 것 같았다.

또 다른 노후자금 마련 방법 _주택연금

고바우 아저씨가 자신의 아내를 힐끔 보더니 질문했다.
"소장님, 노후자금 마련으로 집을 팔지 않는 방법도 있다고 하셨는데요?"
박 소장이 화이트보드를 지운 후에 대답을 했다.

"집을 팔지 않고 노후자금을 마련할 수 방법은 '주택연금'이 있습니다. 아까 연금계획표의 B안에 나왔던 방법이지요. 주택연금은 집은 있지만 생활비가 부족한 분들을 위해 마련된 연금제도입니다. 내 집을 담보로 연금을 받으면서 사는 것이죠."

이번에는 젊은 청년이 질문했다. 아무래도 부모님 때문에 관심이 많은 것 같았다.

"소장님, 주택연금은 집이 있는 사람이라면 누구나 신청이 가능한가요?"

"반드시 그렇지만은 않습니다. 가입조건이 있기 때문에 이에 만족되어야 신청할 수 있습니다. 가입조건은 부부 모두 만 60세 이상의 1주택 소유자여야 하고 주택가격이 9억 원 이하여야 합니다. 기존의 역모기지론과 달리 정부에서 시행하는 정책이다 보니 서민의 노후 안정을 위한 제도라고 볼 수 있습니다."

장모님이 재촉하듯 질문했다.

"주택연금에 가입하면 얼마나 받을 수 있나요?"

"그건 방식에 따라 다르지만 일반적인 정액형의 경우 주택 가격이 4억 6천만 원쯤 한다면 66세부터 수령할 경우 매달 110만 원가량 연금으로 받을 수 있습니다."

박 소장은 화면을 통해 주택연금 예상 수령액을 보여주었다.

고바우 아저씨가 놀란 듯이 질문했다.

표 13_ 주택연금 일반주택 월지급금

(단위: 만 원)

주택가격 가입연령	1억 원	2억 원	3억 원	4억 원	5억 원	6억 원	7억 원	8억 원	9억 원
60세	24	48	72	96	120	144	168	192	216
65세	28	57	86	114	143	172	200	229	258
70세	34	69	103	138	173	207	242	277	310
75세	42	85	127	170	213	255	298	330	330
80세	53	107	160	214	268	321	362	362	362
85세	69	138	207	277	346	415	416	416	416
90세	93	187	281	374	468	524	524	524	524

※ 노인복지주택(실버주택), 연금수령액은 별도 적용, 종신지급 방식, 정액형(2012년 2월 1일 기준)

자료: 주택금융공사

"네? 110만 원이나요? 그럼 그 방법이 제일 낫겠네요. 집도 안 팔고 돈도 많이 받고……."

"하지만 이것도 짚어봐야 할 문제가 있습니다. 바로 상속에 관한 문제입니다. 주택연금을 받으면서 살다가 부부 모두 사망하면 주택을 청산해서 그동안 받은 연금을 빼고 상속인에게 돌려줍니다. 즉 장수해서 오래 살았다면 자식들에게 물려줄 재산이 거의 없게 되는 거죠. 하지만 지금은 자식에 대한 상속보다는 노후 생활비가 더 중요하다고 여기는 분들이 늘고 있어서 집을 한 채 가지고 있는 분이라면 적극적으로 활용해 볼 제도라고 생각합니다."

이번에는 아내 은미가 질문했다.

"소장님, 제 부모님의 경우 꼭 필요한 것 같은데요, 만약 집값이 떨어지면 연금이 줄어들지는 않나요?"

"그렇지는 않습니다. 처음 계약할 때 정해진 연금으로 계속해서 받을 수 있습니다. 집값이 오르든 내리든 상관이 없지요. 그러니까 집값이 가장 높을 때 신청하는 게 유리합니다."

공 과장이 시골에 계시는 부모님을 떠올리며 질문했다.

"소장님, 주택연금 말고 시골에 계시는 분들이 활용할 방법은 없나요? 시골집이 워낙 낡아서 연금신청을 해봐야 얼마 받지도 못할 것 같거든요."

"시골에서 농사를 짓는 분이라면 '농지연금' 제도를 활용해 볼 만합니다. 농지연금은 농사를 짓는 땅을 담보로 연금을 받는 것이죠. 부부가 모두 만 65세 이상이어야 하고 농사를 지은 지 5년 이상 돼야 자격이 주어집니다. 그리고 소유한 농지는 최대 3만㎡를 넘지 않아야 합니다."

공 과장은 노트에 농지연금을 적으며 좀 더 자세히 알아봐야겠다고 생각했다. 농지연금을 수령할 수 있다면 시골에 계시는 부모님에게 큰 도움이 될 것 같았다.

월지급식 펀드는 어떤가

이번에는 뒤쪽에서 열심히 필기를 하던 30대 여성이 질문을 했다.

"제 친정 부모님도 은퇴자금 때문에 고민이 많으십니다. 얼마 전에 친구분이 요즘 인기를 끄는 월지급식 펀드에 가입하셨다는 말을 듣고 부모님도 알아보고 계시는데요. 소장님, 월지급식 펀드는 노후자금으로 어떤가요?"

박 소장이 설명을 했다.

"요즘 베이비붐 세대의 은퇴가 본격적으로 시작되면서 거액의 퇴직자금이 흘러나오자 각 금융사에서는 이들 자금을 끌어들이기 위해 다양한 상품을 내놓고 있습니다. 그중에서 대표적인 것이 월지급식 펀드입니다. 은행으로 들어가는 은퇴자금을 증권사가 가만히 바라보고만 있을 순 없겠지요.

월지급식 펀드는 내가 맡긴 자금을 주식이나 채권 등에 투자해서 그 수익금을 매달 연금으로 주는 방식입니다. 우리보다 베이비부머 은퇴가 빨리 시작된 일본에서는 이미 1990년대 후반부터 월지급식 투자상품의 열풍이 불기도 했습니다. 월지급식 펀드의 장점은 매달 지급받을 금액을 내가 정할 수 있다는 겁니다. 매월 0.1~0.7% 사이에서 정하는 것이죠. 2억을 예치하고 월 0.5%를 받겠다고 정했으면 매달 100만 원씩 받게 되는 겁니다. 하지만 그 달에 100만 원의 수익이 나지 않았다면 부족한 부분을 원금에서 빼서 줍니다. 즉, 원금손실이 발생하는 것이죠. 이런 식으로 수익률이 저조하다면 원금이 줄어들어 회복하기 어려울 수도 있습니다. 반대로 수익이 좋다면 원금도 늘어나기 때문에 투자 성향이 높은 분들께 추천할 만합니다.

그러니까 월지급식 펀드에 가입하려면 과거의 투자 수익률을 비교해서 운용을 잘하는 회사의 상품을 골라야 하고, 매달 0.4% 이내의 수준에서 월 지급액을 설정하는 게 비교적 원금을 보전할 수 있는 방법이기도 합니다."

박 소장은 지금까지 설명한 은퇴자를 위한 은퇴자금 마련 방법과 노후자금 마련을 위한 상품별 특징과 단점을 적어주었다.

모두 분주하게 받아 적었다.

표 14_ 은퇴자를 위한 노후자금 마련 방법

자산 규모	집: 4억 6천만 원 현금: 2천만 원 합계: 4억 8천만 원(수도권 거주 베이비부머 평균 자산)			
집을 팔 경우		**집을 팔지 않을 경우**		
새로운 집: 2억 5천만 원		주택가격	4억 6천만 원	
가용 금액: 2억 3천만 원				
1. 오피스텔 투자 시	매월 80만 원 (순수익 4.2% 경우)	주택연금	매월 약 110만 원 (66세 신청 시)	
2. 즉시연금 신청 시	매월 약 80만 원 (4.7%, 상속형)			
3. 월지급식 펀드 투자 시	매월 92만 원 (월 0.4% 신청 시)			

표 15_ 노후자금 마련 상품별 특징 및 단점

오피스텔	특징	부동산 투자 중 비교적 소액으로 안정적인 임대수익 창출
	단점	건물 노후화로 인한 가치 하락, 개발 가능성 낮음
즉시연금	특징	목돈을 일시에 맡기고 매달 공시이율에 의한 연금을 타는 방식, 10년 이상 가입 시 이자소득세 면제
	단점	종신 또는 10년 이상 가입해야 하고 중도 해지할 경우 원금손실 가능, 금리 하락 시 연금액이 줄어듦
월지급식 펀드	특징	목돈을 일시에 맡기면 채권형, 주식형, 혼합형 등 다양한 방법으로 수익을 창출하며 매달 0.1~0.7% 사이에서 원하는 금액을 매달 수령 가능
	단점	수익률 하락 시 원금이 보전되지 않음
주택연금	특징	살고 있는 집에서 계속 살면서 사망 시까지 매달 연금을 받고 남은 자산은 가족들에게 상속됨
	단점	중도에 주택을 팔 경우 그동안 받아간 연금과 이자, 보증료, 수수료 등 모두 물어내야 함

가장 중요한 것은 계획과 실천이다

더 질문이 없자 박 소장은 청중을 바라보면서 노후에 관한 세미나를 마무리했다.

"자, 지금까지 노후문제에 대해 깊이 생각하고 해결 방법을 알아보았습니다. 노후가 얼마나 큰 문제인지는 모두 알고 있는 사실입니다. 그래서 이번 세미나에 참석했을 겁니다. 이런 노후문제를 해결하기 위해 금융사에서는 다양한 상품을 내놓고 있고, 건설사는 노후를 위한 수익형 아파트를 집중적으로 공급하고 있습니다. 그리고 정부에서는 노인들의 일자리 창출과 같은 노후 안정화를 위해 노력하고 있지요.

　그런데 정작 본인에게 닥칠 노후를 위해 우리는 무엇을 준비하고 있을까요? 애석하게도 대다수는 아무것도 하지 않고 있습니다. 걱정은 되지만 나중에 하겠다면서 회피하거나 지금도 살기 힘든데 무슨 노후냐면서 무시하지요. 앞으로 우리나라는 노인들이 절반을 차지하는 늙은 대한민국으로 변하게 됩니다. 그때는 분명 지금보다 더 힘든 시기가 될 겁니다. 오늘 집에 돌아가면 지금까지 말씀드린 내용에 대해 진지하게 고민하시기 바랍니다. 자녀교육보다 우선해야 할 것이 바로 노후에 대한 준비라는 사실을 꼭 명심하면서 말이지요.

　아무리 자녀를 잘 키워도 늙어서 몸 아프고, 돈 없는 부모를 좋아할 자녀는 아무도 없습니다. 여러분의 노후는 엄연히 다가올 현실이자 여러분만이 해결해야 할 문제입니다. 자녀교육비를 줄이든지 아니면 생활비를 줄여서라도 당장 5층 은퇴빌딩을 쌓아올리세요. 그것만이 행복한 노후를 위한 최선의 방법입니다."

　박 소장이 마무리하며 인사를 건네자 모두 큰 박수를 치며 고마움을 표시했다.

　"자, 마지막으로 주변 사람들과 한 번씩 악수를 하시겠습니까?

이제부터 노후준비를 열심히 하기로 다 같이 다짐하는 의미로 말입니다."

공 과장은 뒤를 바라보며 아내의 손을 꼭 잡았다. 장모님은 처형과 처남의 손을 꼭 잡았다. 고바우 아저씨도 아내의 손을 잡으며 환한 웃음을 지었다.

처음에 서로 어색해했던 참석자들도 옆사람과 뒷사람을 바라보며 인사를 나누고 악수를 했다.

박 소장도 모든 참석자들과 일일이 악수를 하며 가벼운 담소를 나누었다. 몇 년 전 머니세미나 마지막 날처럼 강연장 안에는 활기가 흘러넘쳤다.

부자 탄생

　노후준비 세미나로부터 보름이 지나고 공 과장은 조용히 창가에 앉았다. 한밤중이라 아내와 연주는 깊이 잠들어 있었다. 공 과장은 마음이 설레어 잠이 오지 않았다.

　그 사이에 공 과장과 가족들에게는 많은 일이 있었다.

　어제 처남은 공 과장에게 아르바이트로 일하던 대형마트가 자신을 정직원으로 채용했다는 희소식을 전했다. 비록 그토록 원하던 대기업만큼 높은 연봉을 받는 직장은 아니었지만, 앞으로 열심히 일해서 유통업계에서 큰손이 되어보겠다며 큰소리쳤다.

　"매형, 첫 월급을 받게 되면 한턱낼게요."

　"그래, 처남. 정말 축하해!"

공 과장은 아낌없이 축복해주었다.

한편 장모님은 장인어른과 의논해서 주택연금에 가입하셨고, 당장 다음 달부터 매달 100만 원이 넘는 생활비가 생긴다며 무척 기뻐하셨다. 처형은 아이들이 다니던 보습학원을 과감하게 끊고, 그 돈으로 남편과 나란히 개인연금에 가입했다. 며칠 뒤에는 온 가족이 모여 처남을 위해 취직 축하파티를 열기로 했다.

하지만 공 과장은 무엇보다도 자신의 가족을 위한 재정계획표를 완료했다는 것이 기뻐서 견딜 수 없었다.

공 과장은 아내와 함께 작성한 재정계획표를 꺼내보았다. 노후를 위한 머니세미나를 들은 지 2주 만에 모든 계획을 완료했다. 오늘은 마지막으로 아내의 개인연금 계약서에 사인을 한 날이었다. 다시 한 번 재정계획표를 바라보았다.

우선은 공 과장 월급만으로 실천하기로 했다. 아내가 취직이 되면 좋겠지만 그때까지 마냥 기다릴 순 없었다. 노후를 위한 연금에 아내 명의로 20만 원씩 넣기로 계약했고, 연주를 위한 자립금에도 10만 원씩 넣기로 했다. 병원비를 위한 보험도 30만 원으로 가족 모두의 보장성 보험과 실손 의료보험을 해결했다. 그리고 매달 99만 원을 주택담보대출 상환금으로 갚고 나머지 대출은 25만 원씩 5년간 갚기로 했다. 나머지 대출을 갚은 후에 매달 생기는 25만 원은 자녀자립금에 10만 원을 추가 납입하고 15만 원은 연금에 추가로 넣기로 했다.

표 16_ 공현우·손은미의 행복한 가정 만들기 재정계획표

수입	공현우	350만 원	
지출	아파트관리비	18만 원	
	대출이자(주택담보대출 제외)	18만 원	
	연주 어린이집	35만 원	
	연주 학습지	5만 원	
	생활비	80만 원	
	보험료	30만 원	공현우, 손은미, 공연주 3명
	지출 합계	186만 원	수입의 53%
대출상환	주택담보대출 원리금균등상환	99만 원	20년 상환
	1순위 대출상환	25만 원	5년 상환
노후자금	연금보험	20만 원	손은미 가입, 내년 소득 인상 시 10만 원 추가 가입 예정
자녀자립금	펀드 저축	10만 원	공연주 가입
비상자금	비상금 주머니	10만 원	CMA통장
합계		350만 원	
수입-지출		0	

공 과장은 이 계획을 실천한다면 우리 집에 어떤 미래가 올지를 상상하며 적어보았다.

은퇴를 할 시점인 58세가 되면 그동안 괴롭혔던 대출에서 모두 해방되고 온전한 내 집 한 채를 가질 수 있게 되었다. 그리고 걱정을 달고 살았던 자녀자립금과 노후문제도 해결되었다. 연주가 대학에 들어가는 스무 살이 되면 3천500만 원의 자립금을 물려줄 것이고, 은퇴를 한다면 매달 220만 원을 죽을 때까지 받을 수 있었다.

표 17_ 공현우 · 손은미의 20년 후 미래

대출	주택담보대출	공현우 58세 은퇴시점에 모두 상환, 주택연금 100% 수급 가능
	기타 대출	5년 후 모두 상환, 이후로는 매달 25만 원씩 연금 및 자녀자립금에 추가 납입
자녀자립금		매달 10만 원씩 15년간 저축 시 총 2천469만 원 + 추가 납입금 1천만 원 = 약 3천500만 원
노후자금	국민연금	100만 원
	주택연금	70만 원
	개인연금	50만 원(추가 납입 시)
합계		220만 원 죽을 때까지 수령

수입이 늘면 추가로 더 넣을 테니까 이보다 많은 금액을 받을 수 있을 것이다.

공 과장은 창밖의 풍경을 바라보았다. 늦은 밤이었지만 오늘따라 맞은편 아파트에는 불 켜진 집들이 많아 보였다. 공 과장은 한참 동안 바라보며 생각했다.

'저들도 우리 집처럼 희망을 가졌을까?'

불과 몇 달 전에 돈 걱정 때문에 밤잠을 못 이루던 기억이 떠오르자 입가에 쓴웃음이 나왔다. 공 과장은 마음만 앞서 일을 벌이고 감당을 못했던 지난날의 공현우에게 작별을 고했다.

새롭게 태어난 공현우는 행복한 가정을 위해 우직스럽게 한 걸음씩 나아가는 그런 가장으로 다시 돌아왔다.

제2의 인생을 위해 반드시 알아야 할 것들

1. 연금 보릿고개를 넘기기 위한 '조기노령연금' 제도

55세 이전에 퇴직하게 되면 60~65세에 시작되는 국민연금을 수령하기까지 소득 없이 살아야 하는 힘든 시기를 보낼 수 있습니다. 이때 퇴직연금이나 개인연금조차 없다면 '연금 보릿고개'가 될 수 있습니다. 이럴 때는 국민연금의 조기노령연금을 신청할 수 있습니다.

조기노령연금은 10년 이상 보험료를 냈는데 60세에 받을 연금을 55~59세로 당겨 받는 제도입니다. 55세에 받으면 정상 연금의 70%, 56세는 76%, 57세는 82%, 58세는 88%, 59세는 94%를 평생 동안 받습니다. 조기노령연금은 생활자금이 없을 경우에만 신청하는 게 좋습니다. 연금 총액에서 수천만 원이 줄어들기 때문입니다.

출생연도에 따른 국민연금 수급 개시 연령

출생연도	수급 개시 연령
1952년 이전 출생	만 60세
1953~1956년생	만 61세
1957~1960년생	만 62세
1961~1964년생	만 63세
1965~1968년생	만 64세
1969년생 이후	만 65세

2. 물가상승률 대비 돈의 가치를 따져라

시간 경과에 따른 1천만 원의 현재 가치

물가상승률	10년 후	20년 후	30년 후
3%	744만 원	553만 원	411만 원
4%	675만 원	456만 원	308만 원

현재의 1천만 원은 20년 후에 절반밖에 안 된다는 점을 고려해서 노후 생활비를 산정하세요.

3. 연령대별 은퇴 설계 체크 사항

● **20~30대:** 복리 효과를 이용해 적은 돈으로 은퇴준비를 시작하는 시점입니다. 생활비를 줄이고 단 10만 원이라도 개인연금에 가입하세요.

● **40~50대:** 더 늦기 전에 명확한 은퇴 계획을 세울 시기입니다. 대출이 있는 경우 상환을 은퇴 전에 끝낼 계획을 세우고, 실손 의료보험과 보장성 보험도 가입해야 합니다.

● **60대:** 매달 일정하게 생활자금이 나올 수 있도록 계획을 세울 시기입니다. 부동산에 자산이 몰려있다면 임대소득과 연금소득이 절반씩 나올 수 있도록 분배하는 것이 좋습니다.

4. 연금저축이냐 연금보험이냐

연금저축은 소득공제 혜택이 있습니다. 반대로 연금보험은 소득공제 혜택은 없지만 연금을 받을 때 세금이 부과되지 않습니다. 통상적으로 연소득이 8천만 원이 넘는 경우 소득공제 효과가 비과세보다 높기 때문에 연금저축을 선택하는 게 좋습니다. 연 소득 8천만 원 이하라면 지금 소득공제를 받는 것보다 미래의 연금소득세가 더 많기 때문에 비과세인 연금보험을 선택하는 게 좋습니다.

고작 10만 원의 힘

    일 년 전, 돈을 모으는 방법을 소개했던 《부자 통장》을 통해 많은 사람들이 돈에 대한 올바른 습관을 갖고 돈이 가져다주는 행복을 마음껏 누리시길 바랐습니다.

    그리고 《부자 통장》의 속편격인 두 번째 책 《부자 탄생》을 집필하며 평범한 서민들의 돈에 대한 가장 큰 고민거리인 주택대출과 자녀교육비, 그리고 노후문제를 해결하는 데 도움되는 방법을 찾고자 수만 번의 고민과 생각을 거듭했습니다.

    어떤 문제가 되었든 가장 좋은 해결 방법은 현실적으로 실천할 수 있는 것이라 생각합니다. 아무리 좋은 방법이라도 너무 어렵거나 소수의 몇 사람만 따라할 수 있는 것이라면 아무 짝에도 쓸모가 없겠지요.

    도시 근로자의 평균 급여는 350만 원가량 된다고 합니다. 그래서 주인공 공 과장의 소득을 그 정도로 정했습니다. 대출의 규모나 자녀교육, 그리고 노후준비가 전혀 안 된 상태까지, 모든 설정을 주변에서 흔히 볼 수 있는 모습으로 정하고 이런 분들이 실천할 수 있는 방법을 소개하려 했습니다.

소득을 더 많이 올릴 수 있다면 좋겠지만 그건 희망사항에 더 가깝습니다. 현재의 소득을 유지하면서 미래를 준비하는 방법은 결국 하나였습니다.

생활비를 적정 수준으로 줄이고 나머지 금액으로 대출과 자녀교육, 그리고 노후준비에 분배하는 것입니다. 당연한 얘기처럼 들리겠지만 이를 실행하는 분은 그리 많지 않습니다.

단돈 10만 원이라도 좋으니 일단 시작부터 하라고 강조하면, "고작 10만 원으로 무슨 준비가 되겠냐?"며 반문하는 분이 많습니다. 하지만 저는 생각이 다릅니다.

오늘 술자리에서 혹은 외식을 하면서 쉽게 써버린 10만 원으로 무엇을 할 수 있을까요? 10년을 모으면 1천200만 원이 되고 20년을 모으면 원금만 2천400만 원이 됩니다.

이 돈으로 자녀자립금 통장을 만들어서 성인식 때 선물로 주고, 고생한 아내에게 용돈하라며 통장을 건네주는 상상을 해보세요. 한순간에 써도 모자랄 고작 10만 원이 쌓이고 쌓이면 이런 가치 있는 행복을 만들어냅니다.

가족의 행복은 결국 내가 만들어가는 것이기에 오늘부터 10만 원씩 자녀를 위해, 자신의 노후를 위해 통장을 만들어보면 어떨까요? 돈 문제를 해결할 수 있는 건 돈밖에 없듯이, 여러분의 인생 문제를 해결하는 건 여러분밖에 없습니다.

끝까지 읽어주신 독자 여러분께 깊이 감사드리며 이제부터는 돈이 가져다주는 걱정이 아니라 행복으로 가득찬 풍요로운 인생을 누리시길 기원하겠습니다.

지은이_ 박종기

머니앤리치스 경제연구소 대표. 세계화전략연구소 재정관리 대표 강사를 거쳐 현재 전국을 돌며 '누구나 쉽게 돈을 모으는 방법'을 열강 중. 베스트셀러 《부자 통장》을 통해 돈을 다루는 올바른 태도와 종잣돈을 모으는 방법을 알려주었으며 이번 책에서는 모은 돈을 활용해 내 집 마련 · 자녀교육 · 노후준비를 해결하는 부의 공식을 제시하고 있다.

부자 탄생

1판 1쇄 발행 2012년 3월 7일
1판 4쇄 발행 2012년 3월 26일

지은이 박종기
펴낸이 고영수
펴낸곳 청림출판
등록 제406-2006-00060호
주소 135-816 서울시 강남구 도산대로 남25길 11번지(논현동 63번지)
413-756 경기도 파주시 교하읍 문발리 파주출판도시 518-6 청림아트스페이스
전화 02)546-4341 **팩스** 02)546-8053

ⓒ 박종기, 2012

www.chungrim.com
cr1@chungrim.com

ISBN 978-89-352-0913-2 03320

잘못된 책은 교환해드립니다.